난 수호천사를 기다려

난 수호천사를 기다려

초판 1쇄 발행 2024년 10월 20일

지은이 이지숙
펴낸이 장길수
펴낸곳 지식과감성#
출판등록 제2012-000081호

교정 이주연
디자인 이현
편집 이현
검수 김나현
마케팅 김윤길, 정은혜

주소 서울시 금천구 벚꽃로298 대륭포스트타워6차 1212호
전화 070-4651-3730~4
팩스 070-4325-7006
이메일 ksbookup@naver.com
홈페이지 www.knsbookup.com

ISBN 979-11-392-2164-0(03810)
값 13,000원

- 이 책의 판권은 지은이와 지식과감성#에 있습니다.
- 이 책 내용의 전부 또는 일부를 재사용하려면 반드시 양측의 서면 동의를 받아야 합니다.
- 잘못된 책은 구입하신 곳에서 바꾸어 드립니다.
- 표지 일러스트는 Freepik 이미지를 사용했습니다.

지식과감성#
홈페이지 바로가기

난 수호천사를 기다려

이지숙 지음

당신의 삶을 응원하는 에세이집

추억의 사진

작가의 말

우리는 살면서 막연히 수호천사를 기다립니다. 어쩌면 우리를 구원해 줄 전지전능한 수호천사가 나타나길 기다리는 시간의 연속이 인생일지도 모릅니다. 그런데 과연 우리를 보듬어 줄 수호천사는 누구일까요? 부모님, 가족, 하느님, 부처님 등 종교적인 절대자, 아니면 사랑하는 그 누군가….

독자와 세 번째 만남의 제목을 수호천사로 정한 이유는 문득 우리가 살면서 애타게 찾는 수호천사의 존재를 확인해 보고 싶다는 생각이 들었기 때문입니다. 어쩌면 우리가 기다리는 수호천사는 결국 남이 아닌 "우리 자신이 아닐까?"라는 생각이 시간이 흐를수록 더욱 강해지는 것 같습니다.

문득 멀고도 긴 소풍을 떠나신 어머니가 보고 싶어집니다. 어머니라는 존재는 의심의 여지없이 유일하고 절대적인 우리의 구원자일 것입니다. 그러나 삶의 기나긴 여정에서 어머니의 존재가 없는 여백의 시간들은 어쩌면 우리가 인내하며 견뎌야 할 인고의 세월일지도 모릅니다. 따라서 우리 자신이 스스로 수호천사가 되어 살아야 할 것입니다. 우리 자신을 보호하고 지켜 줄 수호천사를 기다리는 독자 여러분께 반드시 그들을 만날 수 있는 반가운 행운이 방문하길 진심으로 바랍니다.

인생 여정에서 우리를 끝까지 보듬어 주고 지켜 줄 수호천사와의 만남을 다 같이 기다리면서, 결국 최종의 수호천사는 나 자신이라는 사실을 느끼는 순간이 다가와도 결코 외로워하지 말고 담담하게 앞으로 나아가길 바랍니다. 우리를 지켜 줄 수호천사를 기다리는 간절한 마음을 누군가의 수호천사가 되려는 따뜻한 마음으로 바꾸려는 발상의 전환도 삶에서 무척 의미 있고 아름다운 자세일 것입니다.

끝까지 고군분투해야 할 독자 여러분께 이 책을 선사하는 마음으로 조심스럽게 출발한 세 번째 수필집을 정성을 다하여 마무리합니다. 독자 여러분 모두 인생을 상대로 펼쳐지는 최종 결승전에서 낙오됨 없이 꼭 파이팅 하십시오. 아울러 언제 어디에서나 소리 없이 빛나는 소중한 존재가 되시길 진심으로 기원합니다.

· 목차 ·

작가의 말 5

I
봄의 장

난 수호천사를 기다려 18 · 시간의 잔고 22 · 어머니의 기일 26 · 성공이라는 이름으로 30 · 행복의 에스컬레이터 34 · 9회 말 역전 홈런 38 · 하얀 기다림 42 · 우리가 꿈꾸는 공정 46 · 평생보험 49 · 애인보다 친구가 좋다 53 · 사실과 진실 사이 57

2
여름의 장

생각 과식 64 · 긍정적인 삶이란? 68 · 민낯의 얼굴 72 · 인생에서 가장 특별한 하루 74 · 행복 금수저 78 · 눈물 부자 82 · 착각의 늪 86 · 희망은 행복의 친구 90 · 취미 재벌 93 · 참외와 단팥빵 97 · 그리움이라는 이름으로 101

3
가을의 장

행복 샤워 108 · 시간 은행 112 · 사진 병원 115 · 걱정 부자 119 · 눈물 종량제 123 · 이별 리콜 127 · 인생은 파도타기 131 · 사랑의 실체 135 · 인생의 정년 137 · 11월에 쓰는 편지 141 · 대화 뷔페 143

4
겨울의 장

그럼에도 불구하고 150 · 행복 보톡스 154 · 긍정적인 징크스 158 · 나의 수호신은 바로 나 162 · 희망의 두레박 166 · 전화위복의 미소 170 · 참 좋은 사람 174 · 비움의 철학 177 · 마음 성형 180 · 감정 해우소 184 · 망각의 강 188 · 우리가 소망하는 새해 192

후기 196

Farmhouse in Provence (1888)
Vincent van Gogh (Dutch, 1853–1890)

인생의 4계절

Orchard Bordered by Cypresses – Vincent van Gogh

1
봄의 장

난 수호천사를 기다려

"우리의 수호천사는 과연 존재할까?"

누군가의 도움이나 지킴이가 필요한 요즘에 문득 지난날 나를 지켜 준, 나아가 나를 지켜 줄 그 누군가가 곁에 있는지 생각해 보게 된다. 부모와 남편, 자식, 친구 등 나에게 소중한 사람들은 많이 있는데 정작 나를 위해 모든 것을 내던지고 희생을 감수할 수 있는 사람은 누구일지 궁금하다. 우리를 위해 항상 기도하는 부모님일지 아니면 남편과 자식일지 아직까지는 알 수 없다.

우리가 만나는 많은 사람들 중에는 누군가를 지지해 주고 대변해 주며 힘이 되어 주는 긍정적인 에너지의 가족이나 지인이 있고, 불편함과 부담감을 주면서 상대의 기를 빼앗아 가는 부정적인 기류의 사람이 있다. 당연히 우리는 우리에게 편안함과 좋은 에너지를 주는 사람을 선호한다. 살면서 누군가에게 의지하며 기대는 자세보다는 스스로 자립적으로 살아가되 나름대로 큰 힘이 되는 수호신을 마음속 깊이 갖는 것도 활력소의 역할을 할 수 있다면 중요하다고 생각된다. 즉 좋아하는 취미 생활을 즐겁게 하는 것도 자신을 지켜 줄 수 있고 필요한 돈을 많이 버는 것, 선호하는 음식을 맛있게 즐겨 먹는 것, 예쁜 옷을 구입해 치장하면서 행복감을 느끼고 자신의 만족감을 높일 수 있다면 그거 또한 자신에게 작은 수호신의 역할을 하고 있는 것이라는 개인적 생각이다.

꼭 힘을 주는 특정된 사람이나 절대적인 종교가 아니더라도 자신에게 사는 의미를 더욱 가치 있게 되새겨 주는 역할을 그 무언가가 해 줄 수 있다면 그것이 바로 우리를 지켜 주는 수호신이라고 생각한다. 어릴 때 마구 뛰어놀다가 자빠지면 순간적으로 '엄마', '하느님'을 부르며 위기를 모면하려고 다급하게 외친 경험이 누구나 있을 것이다. 위험하다고 느끼는 순간 부지불식간에 입안에서 맴도는 이름이 평소 자신이 그리워하는 사람이나 수호천사로 믿는 대상임이 분명하다. 수호천사라고 믿는 그 누군가가 마음속에 존재한다면 당신은 분명히 덜 외로운 사람일 것이다.

어떤 고난과 역경이 와도 극복할 수 있는 에너지가 있다고 스스로 믿는 사람과 그 누구도 자신을 위기에서 구해 줄 사람이나 대상이 전혀 없다고 부정적으로 생각하는 사람과는 자신이 바라는 목표의 성과에 엄청난 차이가 있다. 좋은 성과를 얻기 위해서는 그 누구보다 자신을 믿는 것도 중요하고 누군가의 지지도 당연히 큰 버팀목이 된다.

즉 마음의 수호천사가 당신의 가슴속에 존재한다면, 수호천사가 삶의 윤활유로 작용하여 당신에게 큰 용기와 힘을 주면서 바라는 성과 지수가 높아진다. 그런 의미에서 오늘도 우리는 삶의 역경에 처해 있을 때 구해 줄 수 있는 수호천사를 찾아 헤매고 있는지도 모른다. 수호천사가 우리 곁에 존재하길 원하는 마음처럼 우리 또한 누군가의 수호천사가 되어 보는 것도 무척 가슴 뿌듯하고 행복할 것이다.

그러나 결국에는 "수호천사는 다른 곳에서 찾아지는 대상이 아니라 나 자신이 되어야 하는 것이 아닐까."라는 생각이 밀려온다. 감각적 행복의 추구보다 삶의 의

미와 목적을 찾으며 내면적 행복을 추구하는 자세로 살아간다면 우리 삶의 기초는 더욱 튼튼하고 강건할 것이기 때문이다.

"삶의 의미를 중시하는 태도는 치매 위험을 낮출 뿐 아니라 건강에 긍정적인 효과를 주어서 각종 만성 질환을 막아 준다."라는 《인생의 재발견》이란 책 글귀가 의미하는 것도 가치 있는 삶에 방점을 두고 있다. 우리를 도와줄 수호천사를 간절히 원하고 찾는 것도 결국엔 좀 더 가치 있고 의미 있는 삶을 위한 작은 기적이 일어나길 기대하는 마음에서 비롯된 것이다.

불가능을 가능하게 만드는 작은 기적을 꿈꾸는 모든 사람이 수호천사는 결국 자기 자신이라는 것을 알게 되는 순간, 우리의 삶을 대하는 자세는 더욱 진중해지면서 가치 있는 삶의 안착도 보장될 것이다. '기적은 노력의 열매'로 우리 자신의 노력을 통해 이루어 낸 결과가 대부분이라는 사실을 알면서도, 살아 있는 동안 내내 우리를 도와줄 수호천사에 대한 막연한 기대와 소망은 계속될 것이다.

시간의 잔고

우리는 은행 통장의 잔고는 자주 확인하는데 시간의 잔고는 전혀 확인하지 않는다. 인생에서 나에게 주어진 나이가 몇 세까지인지 확실히 알 수 없기에 우리에게 주어진 시간이 얼마나 남았는지 당연히 가늠할 수가 없다. 태어나서 우리에게 주어진 삶의 시간은 누구에게나 똑같지 않고 사람마다 다르다. 주어진 삶의 시간을 길게 갖고 싶다고 해서 시간을 길게 가질 수 있는 것이 아니기 때문에, 시간을 아끼면서 알차게 써야 하는 것은 너무나도 당연한 생각이다.

돈은 절약하고 계획을 세워 합리적인 지출을 하려는 태도에 비교해서 시간은 곳간에 많다고 생각해 함부로 낭비하는 것 같다. 사실 시간이야말로 돈으로 환산할 수 없는 가치가 엄청난 것인데 그걸 인식하지 못하고 마구 소모하는 것 같아 안타깝다. 나이가 들수록 시간의 소중함을 절실히 느끼게 됨을 결코 부인할 수 없다. 부모와의 이별 뒤에 찾아오는 후회와 아쉬움의 정체도 시간의 위력을 전혀 몰랐다는 것이다. 부모님 삶에 주어진 시간을 여유 있게 생각해서 부모와의 소중한 만남을 차일피일 미루다 이별을 경험한 사람들이 주위에 많은 것 같다. 필자도 그런 사람 중의 한 명으로 요즘 부모님 생각을 하면 회한의 물결이 몰아쳐 마음이 아려 올 정도이다.

뉴스를 통해 접하게 되는 예기치 못한 사고사가 자주 발생하는 일련의 상황 앞에서 우리는 나약한 인간의 존재를 느끼게 될 뿐이다. 그저 주어진 하루하루를 후회 없이 열심히 살아야겠다는 다짐만이 허공에서 메아리친다. 그래서 우리네 인간은 시간을 돈보다 더욱 아끼면서 계획적으로 소비해야 한다. 항목별로 어떻게 배분하여 주어진 시간을 써야 할지를 수시로 체크하면서 시간의 잔고를 확인하는 자세가 절실히 필요한 요즘이다.

때로는 미래에 대한 불안으로 시간을 가불해서 낭비하는 사람을 종종 보게 된다. 너무 부질없고 답답한 행위로 비추어 보인다. 주어진 시간의 완성도는 사람의 역량마다 차이가 있지만, 오늘 전심전력을 다해 좋은 사람이 되도록 노력하면 분명히 내일에는 더욱 발전한 우리를 만나게 될 것이라는 희망을 갖게 된다.

어김없이 희망의 화신은 우리 곁을 다시 찾아왔고 새로운 시간의 출항은 계속된다. 어디선가 새로운 생명들이 큰 환호 속에 탄생하고, 누군가는 추억의 그늘 속으로 사라져 가는 인생의 순리 앞에서 우리는 좀 더 경건해지는 모습을 보여야 한다. 그런 자연의 순리가 시간의 소중함을 더 이상 강조할 필요가 없는 이유이기도 하다. 자신이 마치 불사조인 양 영원히 살 것처럼 무모하게 행동하는 사람들에게도 시간의 유한함을 절감할 기회가 찾아오길 진심으로 바란다. 누구나 비껴갈 수 없는 사랑하는 사람들과의 이별도 우리가 시간의 잔고를 수시로 되새긴다면 더욱 숙연한 자세로 일상을 맞이하게 될 것이다.

"시간은 멈추는 법이 없다. 한눈도 팔지 않는다. 그래서 시간은 되돌릴 수 없다. 시간을 내 몸같이 소중히 하라."라는 '법정' 스님의 말씀이 그 어느 때보다 뼈저리게 다가오는 요즘이다. '시간은 절대로 사람을 기다려 주지 않는다'는 평범한 진리를 잊지 않는 현명한 우리가 되길 소망한다. 시간은 돈이며 누구에게는 목숨처럼 소중하다. 누구에게나 같은 날이지만 어떤 마음으로 사느냐에 따라 우리 일상의 색깔은 다르다.

누구에게는 무감동으로 봄의 햇살이 다가오지만, 그 누군가에게는 눈이 부시게 아름다워 눈물이 날 정도로 진한 감동의 물결로 다가올 수도 있다. 시간을 황금같이 보고, 보다 더 겸허한 마음으로 하루하루를 소중하게 대하는 자세를 갖는다면 인생에서 후회의 잔류물은 적을 것으로 생각된다. 희망의 설렘으로 가득 찬 이 찬란한 봄을 오랫동안 눈과 마음에 담아 두고 싶어짐은 나만의 생각일까?

어머니의 기일

　사방이 오색빛 꽃으로 에워싸인 봄이다. 동백꽃, 매화, 목련, 개나리, 벚꽃 등 너무나도 아름다운 꽃들의 화려한 향연에 기쁨과 설렘보다는 애잔한 아픔이 살살 밀려온다. 이토록 곱디고운 꽃들을 뒤로한 채 어머니가 먼 소풍 길을 떠나신 계절이 바로 봄이기 때문이다. 평소 꽃을 너무 좋아하셔서 집 베란다에는 다양한 화분이 가득 자리를 잡고 있었고, 꽃에 물을 줄 때의 미소 띤 어머니 모습은 그 어느 순간보다도 평온하고 행복해 보이셨다.

　그래서일까? 어머니는 봄꽃의 화사함이 극치에 달하던 4월 중순에 길고도 먼 여행을 급하게 떠나셨다. 눈이 부시도록 아름다운 이 계절에 우리와의 이별을 선택해야만 했던 어머니의 외로움이 마음속 깊이 느껴져서 지금 이 순간까지도 우리 가족을 무겁고 숙연하게 만든다. 벚꽃과 철쭉꽃 향기에 둘러싸인 전망 좋은 선산에 자리 잡으신 어머니를 자식들이 거주하는 곳 가까이에 모셨으면 어머니가 보고 싶을 때마다 자주 찾아뵐 수 있을 텐데, 선산이 위치한 홍성까지의 거리가 가깝지 않다 보니 우리 마음과 행동이 따로따로이다.

사람들은 "시간이 흐르면 이별의 아픔은 점점 희미해진다."라고 담담하게 얘기한다. 그러나 부모와의 이별은 예외인 것 같다. 시간이 흐를수록 어머니가 더욱 그리워지고 만날 수 없는 안타까움에 가끔 무기력함을 느낄 때도 있다. 순간순간 어머니 생각이 고개를 주욱 내밀 때면 대체로 이성적인 나 자신도 어찌할 바를 모를 때가 있다.

매화 향기로 가득한 봄이 하얀 햇살과 함께 우리를 방문할 때면 어머니의 생전 모습이 더욱 선명하게 떠오른다. 어머니가 해 주시던 음식도 먹고 싶고, "막내야."라고 부르시던 어머니의 다정한 목소리도 무지무지 그립다. 가끔 힘겨운 걸음으로 지나가는 할머니를 보게 되면 마치 어머니를 보는 것 같은 착각을 일으켜 가까이 다가가 잠시 멍하니 쳐다보다가, 어머니가 아님을 확인하고 제자리로 돌아오는 경우도 있다.

요즘 혼자 사는 사람들의 고독사나 사고사, 또는 학교 폭력이나 직장 내 괴롭힘으로 스스로 목숨을 끊는 경우 등 가슴 아픈 소식을 종종 뉴스로 접하게 된다. 누군가의 소중한 가족인 그들의 마지막 가는 길이 너무나도 외로웠겠다는 생각을 하니 마음이 먹먹해지면서, 주위의 생활이 어려운 사람이나 마음이 아픈 사람들을 좀 더 따뜻하게 보듬어야겠다는 작은 다짐을 해 본다.

세상에 그 누구도 완벽한 행복을 누릴 수는 없다. 나름대로 삶의 어려움이 존재하지만 모두들 잘 견디고 있는 것이다. "똥밭에서 굴러도 이승이 낫다."라는 옛말이 생각난다. "아무리 힘든 일이 있어도 죽기보다 힘들지는 않다."라는 말의 의미는 죽는 것보다는 살아 있음이 다행이고 그나마 덜 힘들다는 뜻이다. "천상에서는 모든 것이 행복이고, 지옥에서는 모든 것이 슬픔이다."라는 '발타자르 그라시안'의 말이 문득 떠오르는 순간이다.

어머니와의 준비되지 않은 갑작스러운 이별은 평범

한 우리네 삶의 지금 이 순간이 얼마나 가치 있고 소중한지를 절감하는 값진 교훈을 주었다. 열심히 살아온 삶의 연속선 끝에 죽음이 존재한다고 생각한다면 삶과 죽음은 별개일 수 없다. 그러나 살아서 서로 보고 싶을 때 만날 수 있다는 것이 얼마나 큰 행복인지를 이별을 경험해 본 사람은 절실하게 알기 때문에, 고귀한 삶을 함부로 대할 수는 없다. 떠난 사람에 대한 그리움은 남아 있는 사람들이 짊어져야 할 몫이다. 오늘도 뭔가 큰 행운을 기다리는 사람들은 "행운은 쉽게 얻을 수도 있지만 순식간에 없어질 수도 있다."라는 것을 명심하면서 지금 우리 곁에 존재하는 사랑하는 가족과 오늘의 소중함을 절대로 놓치지 않기를 간절히 소망한다.

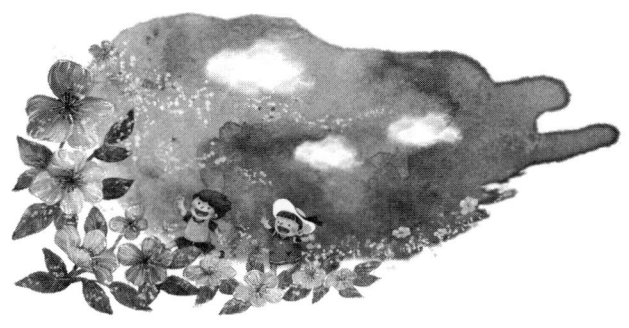

성공이라는 이름으로

 살면서 누구나 내내 갈망하는 성공이라는 얼굴은 과연 어떤 모습일까 문득 궁금해진다. 하얗고 통통한 얼굴일까? 아니면 검은 피부의 마른 모습일까? 아무래도 자신감이 넘치는 상황이다 보니 밝고 활기찬 모습임은 분명할 것 같다는 생각이다.

 그런데 요즘 뉴스에 들락거리는 성공한 자, 선택받은 자의 모습은 생각보다 별로 밝은 얼굴도, 행복해 보이는 얼굴도 아닌 듯 우리에게 다가온다. 물론 모두가 그렇다는 것은 아니지만, 대부분 자기가 가지고 있는 많은 것을 뺏길까 봐 안절부절못하는 방어적인 모습으로만 보인다. 재산도 너무 많이 소유하면 그걸 지키기 위한 불안함이 존재하듯 그동안 지켜 온 기득권과 명예와 권력을 잃지 않기 위해 노력하는 모습이 별로 유쾌하게 보이지 않는 것은 필자만의 생각일까?

 누구나 많은 부를 축적하고 싶고, 권력과 명예를 놓

치지 않고 영원히 붙잡고 싶어 하지만 원하는 대로만 살 수 없는 것이 인생이다 보니 우리가 예측하지 않은 여러 불상사도 생긴다. 갑자기 건강이 나빠진다거나 자식에게 힘든 일이 생기거나 자신의 명예가 실추되는 경우 등 미처 계획하지 않은 불가항력적인 경우를 만나게 된다.

뉴스에 등장하는 인사들의 롤러코스터를 타는 불안한 모습을 보면서 "인생이 참 묘하구나."라는 생각이 밀려오는 요즘이다. 그래서 소위 잘나갈 때 더욱 겸손해야 하고 주위를 둘러볼 줄 알아야 하는데, 대부분 그렇지 못하고 오만함에 빠지게 된다. '달도 차면 기우는 법'이라고 어느 정치인이 선거 패배 후 강변한 모습에서 위 인생의 현주소를 보는 것 같아 씁쓸하다.

인생에서 성공의 정의는 각자마다 의견이 다를 것이다. 본인보다 자식을 잘 키웠으면 성공한 사람으로 판단될 수도 있고, 자식보다는 본인이 출세해야 성공이라고 생각하는 사람도 있다. 과연 어떤 모습이 성공한 자의 얼굴일까? 객관적으로 누구나 부러워하고 인정하는 상위 레벨에 우뚝 자리 잡고 있으면 성공한 것일까? 수단과 방법을 가리지 않고 돈만 많이 벌어 재산 규모가 엄청난 사람을 우리는 성공한 사람으로 판단하지는 않는다. 그 돈을 자신을 위해 쓰기보다는 온전하게 사회에 환원하는 역할을 했다면 그건 그 사람의 지위나 학력 고하를 불문하고 성공한 사람으로 평가될 것이다. 즉 남에게 도움을 줄 수 있는 위치가 되어 사회에 긍정적인 선한 영향력을 끼칠 수 있는 자격이 된다면 그는 분명 성공한 사람으로 분류된다.

"석수가 101번째 망치질로 바위를 깨뜨렸다면 이는 101번째 망치질이 아니라 지금까지 두드린 100번의 망치질의 결실"이라는 '제이콥 리스'의 표현처럼 반드시 노력의 대가로 성공의 선물을 얻을 수 있어야 한다. 여러 가지 편법과 불법의 과속으로 얻은 성공의 얼굴은 결코 당당할 수 없고 아름답지도 않다. 진정한 노력으로 흘리는 땀의 대가인 성공의 얼굴은 멀리서도 후광이 나지만 온갖 술수와 불법으로 얻은 성공은 무기력한 사상누각에 불과하다.

"성공이란 실패를 거듭하면서도 열정을 잃지 않는 능력"이라는 '윈스턴 처칠'의 주장처럼 실패를 성공으로 이끌기 위한 각고의 노력을 하는 사람은 성공의 기쁨을 누릴 수 있다. 명망 있는 직업, 유명인, 경제적인 재벌 등 객관적 척도인 성공의 기준도 물론 중요하지만, 당신을 이해하고 사랑하는 친구나 지인이 곁에 많이 존재한다면 당신은 또 다른 색깔의 성공한 사람으로 분류될 수 있을 것이다. "인생에서 진정한 성공이란 무엇일까?" 잠시 차 한잔을 마시며 사색의 강을 건너 보고 싶은 요즘이다.

행복의 에스컬레이터

 행복의 추구가 인생의 목적이라는 것을 누구나 익히 알고 있지만, 과연 행복의 조건이 무엇인가를 꼽으라면 각자의 의견이 분분할 것이다. 어떤 이에게는 돈이나 명예가 행복의 첫째 조건이고 누군가는 건강을 첫째로 꼽고, 또 어떤 사람은 성취감을 행복의 첫째 조건으로 꼽기도 한다. 행복의 조건 순위는 각각 다르지만 누구나에게 해당되는 공통적인 행복의 조건은 돈, 건강, 명예, 권력 등이 포함된다. 그렇다면 우리는 과연 이것들만 곁에 있으면 행복해질 수 있을까? 요즘 명예와 권력을 얻고자 고군분투하는 뉴스 속의 주요 인사들을 보면서 문득 작은 의문이 드는 순간이다.

 철학자 '김형석' 교수님은 어느 방송 프로그램에서 "인생에서 가장 행복한 때가 언제일까요?"라는 프로듀서의 질문에 "가족 간, 스승과 제자 간 모든 인간관계에서 사랑이 있는 고생이 행복이었어요."라고 말씀하셨다. 행복의 정의는 사람마다 각기 다른 색깔과 모양일 수는 있으나 기저에 깔린 공통된 단어는 사랑인 것 같다. 사랑이 아닌 미움의 감정으로 결코 행복해질 수는 없기 때문이다. 그런데 모두가 행복해지기 위해 오늘도 있는 힘을 다해서 노력하는 시간들이지만, 때로는 미래의 큰 행복을 기다리다가 지금 곁에 있는 작은 행복을 잃어버리는 것은 아닌지 안타까움이 생기는 순간도 있다.

현재 다가온 이 순간의 행복을 느끼려 하지 않고 제쳐 둔 채, 막연히 알 수 없는 미래의 화려한 행복만을 기대하는 것은 아닌지 각자가 한 번쯤 뒤돌아보는 시간을 가져 보면 좋겠다. 여러 개의 계단이 있는 높은 곳을 올라갈 경우, 단 한 번에 맨 위 계단까지 갈 수 없고 한 계단 한 계단 올라가야 덜 위험하고 안정적이듯 한 번에 에스컬레이터를 타고 행복의 정상에 올라갈 수는 없다. 꾸준히 준비하고 내공을 쌓은 대가로 행복이 어느 순간 우리 곁에 다가오는 것이지 아무런 노력 없이 갑자기 덩그러니 찾아오는 손님은 아니다.

인간은 누구나 불행하기보다는 행복해지기를 간절히 원한다. 오늘의 노력도 내일의 행복을 담보로 하는 성실함의 얼굴이지만, 지금 느끼는 소소한 행복도 부디 간과하지 않기를 바란다. 왜냐하면 지금의 시간이 내일 다시 반복될 수 없고 지금 느끼는 감정이 내일 똑같이 재현될 수는 없기 때문에 현재 느끼는 소중한 작은 기쁨을 놓치지 말고 만끽하며 살면 좋겠다는 생각을 해본다. 시간이 지난 후 "지난날 느끼고 찾아온 감정이 분명히 행복이었는데 그때는 몰랐다."라고 후회하는 사람들을 우리는 종종 만나게 된다. 인간은 왜 그리 시간이 지난 후에야 정말로 소중한 것이 무엇인지 알게 되는 어리석음을 범하는지…. "적게 바랄수록 더 행복하다. 불행은 가질 수 없는 것을 원하는 데서 찾아온다."라는 어느 작가의 말이 지금 이 순간 불현듯 떠오르는 이유는 무엇일까?

적금으로 넣는 적은 돈이 차곡차곡 쌓여 목돈이 되듯, 작고 소소한 행복이 적립되어 큰 행복이 이루어지는 것이라고 생각된다. 에스컬레이터 타고 목적지에 빨리 도착하는 것처럼 과속으로 빨리 얻어지는 것이 행복이 아니라는 지혜로움을 터득하게 되면 행복은 항상 우리 곁에 있는 가까운 친구가 될 것이다. 삶이라는 소중한 선물을 조심스럽게 어루만지며 공을 들이는 사람에게 행복도 기쁜 마음으로 방문하게 되는 것임을 명심하자. 지금 내가 소유하고 있는 것들과 곁에 있는 사람의 소중함을 알고 만족하면 누구나 행복해질 수 있다. 눈이 부시도록 아름다운 꽃들을 보면서 왠지 좋은 일들이 노란 미소를 띤 채 우리를 방문할 것 같은 희망찬 봄이다. 한 폭의 수채화를 보는 듯한 화사한 봄을 맞이해 모든 사람들이 행복의 화환을 목에 걸 수 있는 설렘의 시간을 만끽할 수 있기를 간절히 고대한다.

9회 말 역전 홈런

 야구가 팬에게 흥미와 긴장감을 주는 것은 다른 스포츠보다 어느 팀이 얼마만큼의 점수 차이로 승리할지 예측하기 어렵기 때문이다. 지금 경기에 지고 있어도 바로 역전이 될 수 있는 가능성이 높기 때문에 9회 말 끝까지 관전을 해야 한다. 문득 야구 경기는 예상치 못한 돌발 변수가 생길 수 있다는 점에서 우리의 인생과 비슷하다는 생각이 든다. 우리네 인생도 지금까지 쌓인 현재의 성과만을 평가해서는 정확하지 않고, 미래 생을 마감하는 날 그 순간까지 가 봐야 제대로 평가할 수 있을 것이다. 아무리 지금까지의 삶이 꽃길이고 탄탄대로라 할지라도 내일 어떤 비바람이 몰아칠지는 아무도 모르기 때문이다.

 뉴스에 보도되는 수많은 사건 사고를 보면서 그런 생각이 더욱 강해진다. '한 치 앞을 내다볼 수 없는 것이 인생'이라는 것을 익히 알고 있으면서도 대부분 인간은 오늘까지의 성과로 찾아온 행복에 안주하고 교만

해진다. 내일도 현재 갖고 있는 명예와 권위가 계속 우리 곁에 함께할 것으로 생각하지만 그렇지만은 않은 경우를 뉴스에서 많이 보게 되는 요즘이다. 세상의 모든 일이 자신의 뜻대로 움직이는 것 같은 환시 현상에 거만함을 보일 때, 신은 가차 없이 옐로우 카드를 내보인다. 그제야 겸손하지 못한 자신의 모습을 후회하고 안타까워하지만 돌아가기엔 너무 먼 거리를 와 버린 경우를 종종 본다.

신은 인생을 바라보는 관점이 매사에 자신만만하고 오만한 사람에게 처음에는 경고를 주면서 삶의 겸허함을 배우게 하지만, 그래도 나아지지 않으면 가차 없이 무대에서 퇴장을 시킨다. 그때가 되어서야 자신만만하고 교만했던 사람들은 깊은 후회를 하지만 때로는 너무 늦은 경우도 있다. 그래서 "인생은 끝까지 가 봐야 한다."라고 어르신들이 얘기하는 그 뜻을 우리는 뒤늦게 절감하게 된다. 인생은 장거리 마라톤인데 한 번에 승부가 결정되는 단거리 달리기 경주로 잠시 착각하는 어리석은 사람이 되지 말자. 남의 어려움은 전혀 배려하지 않고 자신의 안위와 목표만을 생각하는 이기적인 사람도 절대로 되지 말자.

고개를 숙이는 겸손한 자세로 남을 배려하고 사랑하며 인간적인 따뜻한 마음으로 우리 모두가 살아 나갈 수 있기를 소망한다. 물론 나 자신도 그렇게 살지 못한 것 같지만 나이가 들수록 더욱 타인을 존중하고 귀하게 여기며 인간적으로 살고 싶어진다. 인생은 기다림의 연속이다. 아직까지 단타만 치고 홈런을 날리지 못한 사람들도 현실에 집중하여 충실히 살다 보면 인생의 무대에서 마지막 홈런의 기쁨을 누릴 수 있는 기회가 반드시 올 것이다. 인생은 우리의 노력을 배신하지 않고 열심히 노력한 결과물로 당신이 원하는 풍성한 열매를 가슴에 꼬옥 안겨 줄 것으로 믿는다.

사필귀정, 인과응보, 새옹지마 등 우리에게 익숙한 단어들이 그 어느 때보다 더욱 가깝게 와닿는 요즘, 우리가 생각하는 원본의 그림대로 인생의 스케줄이 잘 그려지고 있는지 세밀하게 점검해 보는 기회를 가져 보자. 평생 우리 인생의 과제인 행복한 삶은 사랑으로 가득 찬 삶을 의미하는 것이라고 필자는 생각한다. 인생에서 마지막 홈런을 친 주인공은 사랑을 베풀고 실현하는 바로 당신이 될 것으로 확신하며 그 영광의 환희를 기대한다.

하얀 기다림

우리는 오늘도 누군가의 전화나 메시지 등을 통한 반가운 소식을 기다린다. 몇 번씩 핸드폰을 들여다보며 누군가와의 대화 채널이 연결되기를 마음 깊숙이 고대하고 있다. 막연히 누군가를, 무엇인가를 기다린다는 것은 지난할 수도 있고 한편으로는 외롭고 애틋한 감정의 색채로 다가올 수도 있다. 누군가를 향한 막연한 기다림일 수도, 구체적인 대상에 대한 기다림일 수도 있지만 여하튼 기다림의 시간은 초조하고 녹록하지 않은 것임이 분명한 것 같다.

인생은 기다림의 연속이다. 청소년기 때는 원하는 학교 합격 소식을 기다리고, 청년기에는 자신이 지원한 직장 채용 결과를 기다리고, 장년기에는 승진을 기다리고, 결혼 적령기에는 원하는 이상형의 배우자를 만나기 위해 긴 시간을 기다린다. 끊임없이 기다리고 기다려야 하는 과정이 인생이란 것을 어렴풋이 알 때쯤 시간의 석양 앞에서 고개를 숙이게 된다. 때로 외로움으로

부터 벗어나기 위한 자구책의 하나로 나이 든 어르신들은 자식이나 지인의 연락을 간절히 기다리고 그 어느 때보다 주위의 관심과 사랑을 필요로 하신다. 우리는 오늘도 누군가를 기다리고, 다가올 내일에도 구체적으로 지금 소망하고 있는 좋은 소식이나 또는 막연히 뭐라고 표현하기 어려운 그 무언가를 기다릴 것이다. 살아 있는 동안 매일매일 무언가를, 그 누군가를 계속 기다리게 될 것이며 기다림이 없는 시간은 절대로 존재하지 않을 것이다.

어머니는 살아생전에 자식이 부모님 댁을 방문하는 날에는 항상 문밖에 미리 나와서 우리의 만남을 기다리고 계셨다. 그때의 어머니 심정을 당시에는 이해하지 못해 "왜 힘들게 미리 나와 계시냐."라며 투덜댔지만, 지금은 그 마음을 조금 이해할 것 같다. 기다림이 힘들어도 어쩌면 기다릴 대상조차 없는 것보다는 기다리는 대상이 있다는 사실에 만족해야 할지도 모른다.

가끔 어머니의 목소리를 듣고 싶어 어머니의 전화를 기다리지만, 이 세상 어디서도 들을 수가 없고 어머니를 뵐 수도 없다. 그때 느끼는 막막함의 크기를 말로 어떻게 표현할 수가 없다. 어딘가에 살아 계시기만 해도 얼마나 좋을까? 기다림의 의미는 희망 줄을 놓지 않고 붙잡고 있는 것이고 삶의 의욕이 아직 남아 있음을 의미한다. 그래서 '기다림은 희망의 다른 이름'이라고 종종 표현되기도 한다.

　모든 것을 내려놓아야 하는 절박한 사람들의 아픈 소식을 언론에서 많이 접하게 되는 요즘이다. 과연 우리들은 그들을 위해 사회 구성원으로서 어떤 위로와 힘이 되는 역할을 할 수 있을까? 작은 도움조차 줄 수 없음에 안타까움이 밀려드는 순간이다. 모든 인간은 학력이나 경제력의 높고 낮음에 상관없이 또한 지위고하를 막론하고 모두가 외로움을 벗 삼아 살아가는 존재이며 항상 기다림을 일상으로 해야 한다. 단지 사람마다 외로움의 강도와 삶의 고단함으로 생긴 굳은살의 두께에 약간의 차이가 있을 뿐이다.

　하얀 눈을 기다리는 마음으로 간절히 무언가를 기다려야 하는 하얀 기다림! 아픈 사람들은 건강 회복을 기다리고 시험에 불합격된 사람은 합격 소식을 기다리고, 결혼을 원하는 사람들은 좋은 배우자를 기다리고, 집이 없는 사람은 아파트 당첨이나 집을 매매할 수 있는 날을 기다리고 그렇게 간절히 기다리는 시간은 살아 있는 동안 내내 계속될 것이다. 우리 곁에 색동옷을 입고 개나릿빛 미소 띤 얼굴로 찾아온 화창한 봄의 계절에, 그 어느 때보다 간절한 기다림의 소망이 모두 이루어지는 무지갯빛 해피 엔딩을 꿈꿔 본다. 아울러 봄꽃이 피는 희망의 소리를 설레는 마음으로 기다린다.

우리가 꿈꾸는 공정

 공정과 정의라는 단어가 유난히 많이 언론에 노출되고 있는 요즘, 과연 우리가 살고 있는 사회에 공정이라는 단어가 존재하는지 작은 의구심이 든다. 흔한 말로 '유전무죄 무전유죄'라는 단어가 많이 사용되고 있는 현실에서 우리 모두는 우리가 끊임없이 추구하는 공정의 민낯을 본다.

 살면서 때로는 힘이 있는 자는 어떤 범법 행위를 해도 무사히 잘 빠져나가고, 힘이 없는 자의 범법 행위는 가차 없이 법이라는 이름 아래 혹독한 대가를 치르는 것처럼 보인다. 필자는 검찰 시민위원으로 활동하는 동안 너무나도 평범한 사람들의 작은 범죄를 보면서 안타깝다는 생각을 해 본 경험이 있다.

 법을 준수하지 못한 그분들이 유난히 이기적이고 사악해서도 아니고, 그렇다고 인간성이 좋지 않아서도 아니다. 어떤 사람은 법을 잘 몰라 자신이 저지른 행위가 범죄인지조차 모르는 사람이 있었고, 또는 너무 가난해서 먹지를 못해 배고픔에 저지른 장발장 절도 행위도 있었다. 범법자 중에는 징계보다 선처의 대상이 생각보다 많아 보였는데, 누구에게나 평등한 법 앞에서 어쩔수 없이 징계를 받아야 하는 그들의 현실이 그 순간 필자에겐 먹먹함으로 다가왔다.

어떤 노인은 버려진 박스 안에 있는 몇 알의 감자를 별생각 없이 가져갔는데 그것을 본 누군가의 신고로 법을 모르는 노인은 점유물이탈횡령죄라는 죄목으로 벌금을 내는 상황에 몰리기도 하고, 치매 증상이 있는 어떤 할머니는 인지 능력 저하로 자신의 행동이 잘못된 행위인지를 모른 채 지나가는 사람 주머니에서 무심코 만 원을 꺼내 절도죄로 재판까지 받았다는 뉴스를 본 적이 있다.

위의 예를 보면서 누구에게나 똑같이 적용되어야 하는 법과 공정의 잣대가 과연 어떤 의미로 우리에게 다가오는 것일까? 우리는 신이 아니기에 실수도 할 수 있고 순간 잘못을 저지를 수도 있다. 그러나 그 후에 치러야 하는 징벌이 누구에겐 억울하고 공정하지 않게 보이는 것은 필자만의 생각일까?

 힘이 있는 자나 힘이 없는 소시민이나 모두가 서로 억울함의 감정을 느끼지 않게, 정확하고 확실한 측정의 잣대가 적용되는 사회가 되기를 간절히 소망한다. 남에게 공정하지 않은 자기만의 잣대로 측정을 하다 보면 소위 '내로남불'이라는 오명을 받게 될 것이다. 어떤 경우에도 누구에게나 억울함을 느끼지 않는 공정한 사회가 이루어지길 바란다면, 우리 모두가 절대로 상식과 소중한 양심을 저버리지 않도록 노력해야 할 것이다.

평생보험

우리는 현재보다 불투명한 미래를 대비해 보험을 든다. 암에 걸려 아플 때를 대비한 암보험이나 치매를 대비한 치매보험 등 각종 건강보험이 있고, 자동차 사고를 대비한 운전자보험, 생명보험 등 보험의 종류는 다양하다. 각자의 노후나 아플 때를 준비하는 이 보험이 평생 안전을 보장하는지는 알 수 없다. 미래를 미리 준비하는 자세로 여러 가지 보험에 가입하는 사람이 많은데, 불안한 마음에 조금은 위안이 될 수는 있으나 이런 것들이 과연 안정적 미래를 다 보장할 수 있을까? 경제적으로는 안정될 수 있겠으나 많은 어르신들이 나이 들어 아플 때 찾아오는 외로움이나 거동 불편할 때 도와주는 보조자의 역할을 과연 어디서 찾을 수 있을지 여러 가지 걱정이 밀려든다.

돈과 친구, 건강, 딸이 어르신들에게 노후 필수품으로 매우 중요한 것이라는데 이런 것들을 평생보험이라고 생각할 수 있을까? 필자는 여기에다 각자가 즐겨 하는 취미를 덧붙이고 싶다. 살면서 자신이 좋아하는 것을 하면서 살 수 있다면, 아픈 몸도 덜 아파지고 건강에 좋을 뿐만 아니라 엔도르핀이 돌아 행복 지수도 높아진다. 그러므로 취미 활동은 건강을 위한 필수 요소로 어르신의 외로움 치유에도 매우 좋다고 생각된다. 돈도 있고 건강하기도 하지만 주어진 많은 시간을 아무 일도 하지 않고 보낸다면 주어진 시간이 얼마나 지루하게 느껴지겠는가! 노후의 많지 않은 소중한 시간을 헛되게 보낼 수는 없는 것이다. 나이 들어 퇴직 후에 주어진 많은 여가 시간을 잘 활용하지 못해 이 시기에 우울증 증세도 많이 생긴다고 하니, 자신에 맞는 취미를 찾아 즐겁게 지내는 것은 개인을 위해서도 나아가 사회를 위해서도 무척 바람직한 현상이다.

무언가를 준비하는 과정 속에 우리 삶이 존재하는 것이기에 미래를 준비하는 과정, 이 모든 것이 삶이라는 큰 집으로 볼 수 있다. 또한 자신의 존재를 지키는 힘도 타인이 아닌 바로 자기 자신에게 있는 것이므로 **평생보험도 스스로 만들어야 한다.** 외부에서 의지하려는 대상을 찾지 말고 스스로 자기 본연의 자리를 지키며 자기가 가치를 부여하는 그곳에 미래 보험을 들면 심리적으로 든든해질 것이다.

나이가 들수록 자신을 지켜 주는 버팀목이 필요한데 그 이름은 돈도 좋고 친구도 좋지만, 필자는 자신이 의미를 부여하는 가치 있는 무언가를 하고 있을 때 충만감이 밀려들면서 그 자체가 든든한 보험이 된다고 생각된다.

자식도 아니고 배우자도 아닌 자신의 건강한 사회생활이 평생보험이라고 판단된다면 자식에게 서운할 것도 없고 돈 부족하다고 불평할 것 없이 자신이 좋아하는 것, 잘하는 것, 즐거운 것을 찾아 열심히 고군분투하면 될 것이다. 남이 주는 행복보다는 내가 찾아가는 행복이 더욱 값지기 때문이다. 또한 우리 가슴을 충만하게 채워 주는 소중한 존재인 사랑이 바로 영원한 보험 중의 하나일 수도 있다고 생각되는데, 왜냐하면 베푼 사랑은 분명히 불안한 미래의 방패막이 되어 줄 수 있기 때문이다. 〈세상에 뿌려진 사랑만큼〉이란 노래 제목처럼 내가 뿌린 사랑만큼의 보험금은 저축될 것이다.

미래의 경제적 안정을 위해 적금을 들듯 오늘보다 더 멋진 내일을 위해 오늘을 갈고 연마하는 작업에 시간을 아끼지 말고 몰두해 보자. 세월은 비껴가지 않고 누구나 언젠가 어르신의 나이가 될 것이므로 행복한 노후가 되도록 미리미리 사랑의 포인트를 적립하자.

　우리 모두가 나이 드는 것을 두려워하지 말고 당당하게 노후를 맞이할 수 있으면 얼마나 좋을까? 그 당당함은 우리가 평생보험의 준비를 충분히 하고 있을 때 샘솟을 것이다. 누구에게나 찾아올 노후 대비를 위해 진정으로 자신에게 필요한 것이 무엇인지를 파악하여 평생보험에 가입하는 지혜가 필요한 시점이다.

애인보다 친구가 좋다

 끈끈한 애인보단 산뜻한 친구가 좋다. 이별을 해야 하는 애인 관계보다는 이별 없는 친구 관계가 좋다. 순간적인 열정으로 뜨겁게 다가오는 사랑보다 오랫동안 함께할 수 있는 우정이 좋다. 우리 인간은 누군가와 사랑을 하고 싶고 누군가로부터 사랑을 받고 싶은 본능이 있다. 얼마나 많은 사람들이 사랑에 웃고 사랑에 우는지를 우리는 알고 있고 익히 보아 왔다. 세상에 영원한 것은 존재하지 않는 것으로 알고 있는 사람도 자신들의 사랑만큼은 영원하길 바라고 영원할 것으로 믿는다.

 "쉽게 데워지는 것은 쉽게 식는다."라는 옛말이 있다. 순간에 빨리 반하는 관계보다는 서서히 호감으로 발전하는 인간관계가 아무래도 오래 지속할 수 있다. 그런 의미에서 소유욕이 생기는 애인보다는 부담 없이 자유롭게 감정을 교환하는 친구가 편해서 좋다. 그런데 이성 간의 친구는 동성 같은 부담 없는 친구 관계를 유지하기가 쉽지 않다. 요즘에는 '남사친, 여사친'이라는 단어가 신조어로 생기기도 했지만, 이성 간에 진정한 친구가 존재할지는 각자의 선택과 방법으로 가능할 수도 불가능할 수도 있을 것이다.

　사람과의 만남에서 사랑은 유효 기간이 대체로 짧지만 우정은 길다. 강렬하고 달콤한 사랑을 담뿍 주는 애인도 좋지만 더 좋은 건 긴장하지 않아도 되는 편안함을 베풀어 주는 친구이다. 비록 설렘은 없지만 마음이 변해 헤어져야 하는 이별이 없어 좋다. 진한 향기와 감동을 주는 사랑도 좋지만 소소한 일상의 기쁨을 주는 친구는 우리를 지켜 주는 나무와 같아서 좋다. 지금 서술하고 있는 친구의 범위는 동성 간 이성 간의 모든 친구를 말한다. 때론 조미료를 넣은 톡 쏘는 강렬한 음식이 당기기도 하지만 심심한 맛을 내는 음식이 질리지 않아 오래 찾게 된다. 사람도 그런 것 같다. 너무 강렬하게 와닿는 사람은 인간관계를 서로 지키기도 어렵고 부담스럽게 느껴진다.

　급작스레 빠른 속도로 다가오는 감정보단, 서서히 와닿는 감정이 오래 지속되고 질리지 않는다. 그런 의미로 애인보단 친구의 감정으로 다가오는 사람이 편안하고 적당한 거리에서 조심스레 지켜봐 주는 친구 같은 사람이 좋다. 서로 본연의 자리를 지키면서 상대의 행복을 위해 언제든 도움의 손길로 꼬옥 잡아 줄 수 있는 고향 같은 편안한 친구가 나이 들수록 필요하다.

사는 날까지 서로의 건강을 빌어 주며 영원한 우정을 나눌 수 있는 애인이 아닌 애인 같은 친구가 좋다. 이런 친구가 곁에 있다면 살면서 든든한 마음과 함께 행복한 충만감이 가득할 것이다. 때로는 가족도 타인처럼 느껴질 때가 있는데 우정으로 쌓인 영원한 자기편이 옆에 있다면, 당신은 엄청난 재산을 소유한 그 누구보다 훨씬 부자이다. 남들이 부러워할 매우 큰 자산을 보유하고 있는 것이다.

점점 우리 마음이 조급해진다. 열심히 살아온 한 해의 결산을 통해 만족할 결과물이 없으면 아쉬움은 커지고, 지난 시간에 대한 후회의 감정과 함께 쓸쓸함이 밀려들 수도 있다. "모든 자동차에게는 가격이 붙어 있지만 삶에는 가격이 없다."라는 '호세 무히카' 우루과이

전 대통령의 말대로 우리가 각자 열심히 살았다면 그 가치는 대단한 것으로 생각된다. 많은 이야기를 실어야만 알찬 내용의 책이라 할 수 없듯, 진술하게 열심히 살아온 우리의 흔적을 담담하게 엮은 책이면 충분하다.

 올해는 애인보다는 친구 같은 한 해이길 바란다. 애인처럼 너무 설레고 이벤트 많은 나날보다는 친구처럼 편안하고 안전한 일상의 연속이면 좋겠다. 애인처럼 큰 사랑을 한꺼번에 표현하는 조금은 벅찬 나날보다 친구처럼 꾸준하게 변함없이 푸근한 정을 느끼게 해 주는 건강한 시간들이 함께한다면 무척 고마울 것이다. 인생 페이지마다 삶의 여정을 어깨동무하고 편안하게 걸어갈 수 있는 건강하게 오래 사는 방법 중 하나인 애인 같은 친구가 있다면, 당신은 이미 행복에 입문한 것으로 안락한 나날을 기대해도 좋을 것 같다. 허심탄회하게 자신의 민낯을 보여 줄 수 있는 친구처럼 너그러운 나날이 되길 바라면서, 기댈 어깨를 필요로 하는 누군가에게 애인보다는 편안한 친구가 되어 보자.

사실과 진실 사이

문득 우리가 살고 있는 지금의 이 세상이 어떤 세상인지 궁금해진다. 사실과 진실이 지배하는 세상일까 아니면 거짓과 속임수가 자유롭게 활보하는 세상일까? 사전적 의미의 사실은 실제로 있었던 일, 자체의 의도를 갖고 있지 않은 있는 그대로의 상황 등을 의미하는 것으로 환상 허구와 구분되며 영어로 팩트(fact)라고 말한다. 사실은 때로는 참이 아닐 수도 있다.

그러면 진실의 사전적 의미는 무엇일까? 진실은 '거짓이 없는 사실'로 '있을 법한 일' 혹은 '있어야 할 일'의 의미를 지니며 영어로 트루스(truth)이다. 부정할 수 없는 객관적으로 확실한 사실 위에 덧붙여진 상황적인 판단과 결과에 따른 개인의 감정 상태까지를 포함하는 것으로 생각된다. 그러면 우리들은 과연 평소에 진실한 사람일까? 아니면 진실하지 않은 가식적인 모습의 사람일까? 문득 나 자신의 모습과 함께 주위에 자리 잡고 있는 형제나 친구, 지인의 모습이 궁금해진다.

확실한 것은 이해관계로 얽힌 사회 조직에서 상황마다 다른 모습의 얼굴을 보이는 사람들이 진실되게 보이지는 않는 것이 솔직한 감정이다. 개인적인 경험으로 금융 기관에 종사하는 어떤 사람이 직장에서 고객을 대할 때와 직장 밖에서 사람을 대할 때의 행동에 엄청난 차이가 있는 것을 보고 무척 당혹스러웠던 적이 있다. 아마도 직업이 서비스직이다 보니 직장 내에서의 모습은 평소와는 다른 연출된 모습일 수도 있겠다는 생각이 든다.

물론 이 판단은 개인적인 경험에 의한 판단이기에 객관적인 것은 아니라는 것을 밝히며 오해가 없기를 바란다. 사회생활에서의 모습과 가족과 함께 있을 때의 모습이 확연히 다른 것은 그 사람이 위선적이고 가식적이기 때문이라고 말할 수는 없고, 우리 인간이 다중적인 자아(멀티 페르소나)의 소유자이기 때문이라고 어느 심리 전문가는 표현한다. 그러나 가족 외에 사회생활을 통해서 만나는 다양한 사람에게 일관되지 않은 모습을 연출한다면 그 사람은 신뢰감이 없는 사람으로 평가될 수도 있을 것이다.

요즘은 어떤 것이 사실이고 진실인지 혼란스러울 때도 있다. 매일매일 쏟아지는 정보와 뉴스가 과연 참인지 거짓인지 모르는 순간도 있다. 언론에서 사실은 많이 만나지만 진실을 만나기 어렵게 느껴지는 것은 나만의 생각일까? 가짜 뉴스도 범람하는 현실 앞에서 자신감 있게 참과 거짓을 구분하기 어렵고, 진실한 사람과 그렇지 않은 사람을 구별하기는 어려움이 따른다.

어쩌면 굳이 진실과 거짓을 명확히 구분하려고 애쓰려 하지도 않는 것 같다. 선과 악의 경계선을 굳이 확실하게 구분하지 않듯, 참된 진실이 무엇인지 무감각해지는 현실 앞에서 작은 쓸쓸함이 밀려온다. 진실 게임에서 참과 진실보다 거짓과 속임수가 승리하는 세상이 될까 봐 우려되는 순간도 때때로 감지된다. 개인적인 인간관계에서도 때로는 불편한 상황이 싫어서 진실을 무시하고 묵과하는 경우도 있는 것 같다.

다소 무거운 주제로 느껴질 수 있지만, 우리는 진실의 가면을 쓰고 있는 구체적인 대상을 알면서도 모두의 평화를 위해 진실을 드러내기보다는 때로는 덮어

버리는 깃발을 선택하기도 한다. 거짓말은 빠른 속도로 우리 귀에 도착하지만 진실은 오랜 시간이 걸려 가장 늦게 도착한다. 거짓보다는 진실이 대접받는 세상, 일시적인 속임수보다는 영원한 참이 성공하는 세상을 그려본다. 남뿐만 아니라 나 자신도 양심의 거울에 비춰 보고 본모습을 대면해 보는 기회를 가져 봄으로써 더욱 진실한 세상에 한 발 다가서게 될 것으로 믿는다. "진실은 지혜롭고 분별력이 뛰어난 사람만 찾아낼 수 있는 외딴 곳에 숨어 있다."라는 '발타자르 그라시안'의 말이 귓전을 맴도는 요즘이다.

Poppy field - Vincent van Gogh

2
여름의 장

생각 과식

초여름의 더위가 벌써부터 심신을 나른함과 피곤함의 주머니 속으로 집어넣으려 한다. 여름을 얼마나 생산적으로 잘 보내느냐에 따라 일 년의 결산 성적표가 달라질 수가 있으니 우리는 결코 나태함을 허용할 수 없다. 계절의 변화에 우리의 몸과 마음이 매우 민감하게 작용하고 있음을 부정할 수 없는 요즘이다. 여름에는 무더위로 아무래도 찬 음식을 과식하게 되어 배탈이 나기 쉽다. 건강을 위해 음식의 과식도 조심해야 하지만 인생의 건강한 사이클을 위해서 생각의 과식도 조심해야 한다.

나이가 점점 더해질수록 생각이 예전보다 부쩍 많아졌다는 지인의 말을 듣고, 필자도 잠시 생각에 잠겨 본다. 우리가 빠져 있는 주된 생각의 아이템은 나이와 성별에 따라 다를 수 있지만 남녀노소 모두에게 해당되는 공통분모의 생각도 분명히 존재할 것이다. 미혼은 결혼에 대한 생각이 많을 것이고, 미취업자는 온통 취업에 대한 생각으로 머릿속을 가득 채우고 있을 것이다. 어르신들은 건강이 점점 쇠약해지면서 미래에 대한 두려움과 자식 걱정으로 생각이 많아지고, 직업을 은퇴한 세대는 사회 조직과의 단절로 인한 두려움과 경제적인 문제의 고민이 많아질 것이다.

이처럼 모든 세대는 각각 나름대로 해결해야 할 고민이 다양하고, 생각해야 할 것들이 부지기수다. 아무런 생각 없이 사는 사람보다는 나름대로 깊이 생각하면서 계획대로 사는 사람이 훨씬 실수가 덜하고 가치 있는 삶을 살아갈 확률이 높을 것이라는 추론을 해 본다. 그러나 너무 많은 생각을 하는 사람은 생각 과식으로 체할 수도 있다. 생각 과부하로 인한 기능 작동에 무리가 생겨 결국은 정상적인 건강한 결과물을 내기가 어려울 수도 있을 것이다. 살기가 팍팍해지니까 여러 가지 문제로 인한 생각 과식이 지나쳐 생각 폭식까지 하는 사람조차 많아지는 요즘이다.

생각을 소식한 사람보다 과식한 사람이 과식한 만큼 살을 찌우고 건강해지면 좋으련만 꼭 그렇지만은 않기에 적당히 생각하고 적당히 고민하는 자세가 필요하다. 물론 기분 내키는 대로 즉흥적으로 행동하는 사람보다는 나을 수 있지만 꼭 생각의 양에 비례하여 양질의 좋은 결과가 나오는 건 아닌 것 같다. 우리가 살면서 걱정하는 대부분은 앞으로 발생하지 않을 쓸모없는 걱정이라고 하니, 때로는 단순하게 살아가는 자세가 필요하다. "장고 끝에 악수 둔다."라는 속담처럼 쓸데없이 오래 고민하다 오히려 결과가 좋지 않을 수도 있다는 것을 명심하자. 때로는 무심코 선택한 결정이 인생에서 최고의 선택인 경우도 있다.

선택에 대한 확신과 자신에 대한 굳건한 믿음이 존재한다면 삶의 여정에서 갑자기 만나는 소낙비도 무사히 피할 수 있을 것이다. 지금 당신이 겪고 있는 작은 시련들은 일시적이고 이 또한 지나간다. "낙관주의자는 위기 속에서 기회를 보고 비관주의자는 기회 속에서 위기를 본다."라는 '윈스턴 처칠'의 말이 깊이 와닿는 요즘이다. 우리에게 주어진 문제 해결을 위해 생각을 많이 하고 결정하려는 신중한 자세가 결코 비효율적이라는 것은 아니다. 생각 과부하가 되지 않는 상태에서, 자신이 생각하는 대로 계획에 맞게 전력투구하는 행위는 우리가 원하는 인생을 살기 위한 절실한 몸짓이다. 후회가 없는 삶을 살기 위해 되는대로 살지 말고 생각하는 대로 살아 보자. 행복한 인생을 사는 최선의 비결인 건강한 정신을 위해서라도 생각을 과식하지 말고 절제된 생각으로 현명하게 살도록 노력하자. 결국은 잘 살기 위해 생각도 많아지는 것이니 우리가 바라는 멋진 인생을 위해 한 번뿐인 인생에 최선을 다해 보자.

"과도한 욕망보다 큰 참사는 없다. 불만족보다 큰 죄는 없다. 탐욕보다 큰 죄는 없다."라는 '노자'의 말을 모두가 되새겨 볼 시간이다.

긍정적인 삶이란?

 우리는 모든 사람들에게 항상 부정적으로 살지 말고 되도록 긍정적으로 살아갈 것을 요구한다. 그러면 과연 긍정적으로 살아간다는 진정한 의미는 무엇일까? 지금 이 순간 여러 가지 고난에 처해 있어도 무조건 웃으며 속없이 살라는 것일까, 아니면 아무 생각 없이 무념무상으로 살아가라는 뜻일까? 문득 의문이 생긴다.

 얼마 전 TV에서 방영된, 불의의 사고로 한쪽 다리를 잃어 의족을 한 채 매우 힘들게 살아가는 젊은 청년의 스토리가 모두의 가슴에 와닿는 진한 감동의 물결을 선사해 준 적이 있었다. 매일매일이 고통의 연속일진대, 항상 웃음을 잃지 않은 밝은 모습으로 매사에 적극적으로 생활하는 모습을 보면서 나 자신에게 깊은 반성을 하게 됐다. 운동도 열심히 하고, 일상생활에서 할 수 있는 모든 것을 힘든 내색 없이 최대한 열심히 하려는 모습이 건강한 우리에게 부끄러움을 느끼게 하기에 충분했다. 물론 그는 남이 보기에 지나칠 정도로 열심히 운동하고 높은 산을 힘들게 등산하는 것이 자신이 좋아해서이기도 하지만, 자신의 괴로운 현실을 잊기 위해서라고 담담하게 답했다. 그의 담담한 대답에 마음 한구석이 아파 오면서, 필자 또한 깊이 그를 이해하게 됨을 느끼는 순간이었다.

그래도 그렇게 아픈 몸으로 매사에 적극적으로 살아간다는 것이 평범한 소인배는 어려울 것 같아 그에게 존경심마저 생기는 순간이었다. 그런데 그는 사람들이 자기를 긍정적인 사람으로 본다는 것에 대해 이렇게 침착한 목소리로 답했다. "지금 나에게 주어진 너무도 힘든 상황이 바뀌고 잘될 거라고 생각하는 것은 망상이고, 망언입니다. 그저 지금 나에게 닥친 어려운 현실을 살기 위해서 인정하고 받아들인 것뿐이고, 그것이 바로 긍정적인 사고라고 생각합니다."

그 말을 듣는 순간 강한 전율을 느끼며, 뇌리에 '펑' 스파크가 터지는 것 같았다. 그렇다. 긍정적으로 산다는 것은 '주어진 현실을 인정하고 받아들인다'라는 것을 의미한다. 지금까지 발생한 팩트가 뒤바뀌고 상황이

역전될 거라는 막연한 기대가 아니라, 현실을 인정하고 받아들이며 때로는 현실과 갭이 너무 커서 이루기 어려운 목표는 과감히 포기하는 자세가 긍정적으로 살아가는 것을 의미하는 것이라고 생각된다. 주어진 어려운 현실을 부정만 하고 푸념해서는 원하는 것을 절대로 가질 수 없고 만족스러운 인생을 살 수 없다.

지금 이 순간도 시간은 멈추지 않고 빠른 속도로 흐르고 있는데, 가지지 못한 것에 연연하고 노력해도 이룰 수 없는 것에 대해 큰 미련을 갖고 우울해하는 자세는 결코 자신의 미래에 도움이 되지 않는다. 주어진 현실을 받아들이고 감수해야 한다면 현명하게 받아들이고, 새로운 출구를 찾아 보도록 노력하자. 마음이 힘들고 불편하더라도 기꺼이 받아들이는 작은 포기의 자세가 오히려 다른 기회와 행복을 그대에게 선사할지도 모른다.

요즘 간절히 원하던 꿈의 좌절로 여러 가지 어려움에 처해 있는 젊은이들이 주위에 너무 많은 것 같아 보는 사람도 안타깝다. 지금까지 얘기했던 방송에서 만난 과거의 불운을 극복하고 건실하고 활기차게 살아가는 청년을 보면서, 긍정적으로 살아가는 것에 대한 의미를 다시 한번 진지하게 생각해 보는 계기가 되길 바란다. 누구나 바라는 행복의 화환을 얻기 위해서도, 그 어느 때보다 긍정적인 사고와 자세가 필요한 시점이다.

"쉴 새 없이 보다 나은 사람이 되기 위해 노력하라. 노력 없이는 결코 현명한 사람이 될 수 없다."

민낯의 얼굴

유행가 가사에도 있는 구절로 기억된다. 가슴에 비가 내린다는 것은 어떤 색의 감정일까? 아프기만 한 감정일지 몸소 절감되지는 않았었다. 이제 나이가 들고 부모님을 멀리 떠나보내 드리면서 여러 가지 수많은 감정을 겪게 되어 조금은 알 것 같다. 가슴이 아프다거나 비가 내린다는 감정의 깊이를. 그러나 감정을 느끼는 대로만 솔직하게 살 수는 없다. 삭이고, 때로는 숨기고 표현하지 않으면서 살아야 하는 경우도 있다. 우리는 사회생활을 통한 여러 사람과의 만남에서 모두에게 솔직하고 진실한 관계일 수는 없다. 자신의 감정을 드러내지 않는 포커페이스의 얼굴로 살아가고 있는 사람도 주위에서 종종 보게 된다.

무대 위에서 연극 공연을 위해 완벽한 분장을 하듯, 매일매일 본연의 자기 모습과 다른 얼굴로 일상을 보내는 자의 뒷모습은 매우 쓸쓸하게 느껴진다. 과연 왜 그렇게 자기감정을 때로는 속이며 살아야 하는 것일까? 그건 자신의 허점과 나약함을 숨기기 위한 방어 본능으로 생각된다. 타인으로부터 상처를 덜 받고 자신을 보호하기 위한 생존 전략일 수도 있다. 그러나 자신을 속이고 살아간다는 것은 때로는 초라하고 서글플 수도 있다. 타인을 너무 의식하지 말고 자신의 모습을 솔직하게 보이며 당당하게 살아가는 용기가 더욱 필요한 요즘이다. 자신의 민낯을 주저하는 사람들에게 뜨거운 격려의 박수를 보내고 싶다. 당신은 이미 존재만으로도 아름다운 사람이다. 어깨를 활짝 펴고 자신감을 등에 업고 힘차게 앞으로 나아가자.

인생에서 가장 특별한 하루

　50세 동갑 연예인끼리 모여 주어진 주제를 가지고 대화를 나누는 어느 TV 방송 프로에서 담당 프로듀서가 "그동안 살면서 당신에게 가장 특별한 하루는 언제였을까요?"라는 조금은 진지하게 보이는 질문을 한다. 출연진 각자마다 사회자의 질문에 대한 대답은 달랐다. 어느 개그맨은 생애 첫딸의 출산 모습이 눈물이 날 정도로 감격스러웠다고 하고, 어느 방송인은 무명 시절 열정적인 자신의 모습을 방송에서 보여 주게 된 첫날이 특별한 날이었다고 얘기한다. "과연 우리에게 가장 특별한 하루는 언제였을까?"라고 자문을 해 본다. 첫사랑을 처음으로 만난 날, 내 인생을 완전히 바꾸어 놓은 결혼식이 있던 그날, 예쁜 첫딸을 출산한 날, 아니면 어머니가 하늘로 먼 여행을 떠나신 날….

　지나간 과거 속의 여러 날 중에 특별한 하루를 꼽는다는 것은 매우 어렵게 느껴질 수도 있다. 주마등처럼 스치는 지난 시간들이 모두 특별한 하루같이 느껴지기 때문이다. 누구에게는 하루하루가 모두 특별한 하루로 주어진 모든 시간이 자신에게 의미 있고 소중하게 다가온 사람도 있을 것이고, 누군가는 매일매일이 지루한 하루로 별 의미 없이 기억되는 사람도 있을 것이다. 어머니가 하늘나라로 소풍을 가신 지 14개월여의 시간이 매우 무겁게 지나갔다. 길 가다가 어머니의 모습을 닮은 할머니들을 자주 볼 때면 어머니에 대한 그리움에 시야를 막는 눈물을 종종 흘리곤 한다. 어머니와의 이별을 담담히 받아들이기에는 아직은 시간이 더 필요한 것 같다. 그동안 살아온 날 중에서 그 어느 날보다 특별하고 힘든 하루를 꼽자면 필자에게는 어머니가 이 세상과 하직한 날인 것 같다.

이 세상과 첫인사를 하게 되는 새 생명이 태어난 날도 특별하지만, 이 세상과 이별하게 되는 날이 어쩌면 더 특별한 날인지 모른다. 어머니와의 이별로 삶이라는 단어를 예전보다 더욱 진지하게 생각해 보는 시간도 가져 보았고, 평범한 하루의 소중함도 깊이 새기게 되는 기회도 갖게 되었다. 누구나 결국엔 자연스럽게 떠날 수밖에 없는 이별의 순리를 절실히 깨닫게 되면서 평소 아름다운 이별을 준비하며 살아야겠다는 생각을 하게 된다. 반복되는 평범한 하루의 일상이 몸이 아픈 누구에게는 너무나 소중한 이승에서의 얼마 남지 않은 시간 중 하루일 수도 있기에, 누군가에게는 매일매일이 너무나도 특별한 날인 것이다. 무심히 아무 생각 없이 보내는 시간들이 그 누구에게는 목숨처럼 소중하다는 것을 인식하고, 귀하게 시간을 어루만지고 마주해야 한다.

지금의 이 시간 하루를 인생에서 가장 젊은 날로 받아들이는 자세를 갖게 되면, 우리는 항상 새로운 하루가 최고로 젊은 날이 될 것이다. 지난 유년기나 청소년기가 최고로 젊은 날이 아니고, 지금 이순간인 바로 오늘이 생애에서 가장 젊은 날이고 특별한 날이다. 시간은 흐르고 지금 이 순간도 과거의 시간 속으로 흘러가겠지만, 항상 매 순간을 특별한 하루로 생각한다면 그 소중함의 무게는 더할 것이다.

흠도 있고 실수의 연속일 수도 있는 오늘일지라도 누구에게는 가장 특별한 하루일 수 있다는 것을 명심하고, 특별한 하루인 오늘을 보석 만지듯 조심스럽고 귀하게 대면해 보자. 또 다른 소중한 하루인 내일도 평범하지 않은 특별한 인연으로 저만치서 미소 지으며 우리에게 조심스럽게 다가오고 있다.

　살면서 평범하지만 그 어느 날보다 더욱 특별한 하루가 우리 모두에게 감동적으로 펼쳐지기를 진심으로 고대해 본다. 여름의 입구에서 활짝 피어 있는 장미의 미소를 보면서 하루하루가 더욱 소중하고 특별하다는 것을 절감하는 시간이다. 어제와 다른 오늘, 어제보다 조금은 더 행복한 오늘을 기대하며 특별한 하루의 스토리를 내일도 꿈꿔 본다.

행복 금수저

언론에서 그동안 많이 등장했던 금수저라는 단어는 우리 귀에 매우 익숙하다. 그런데 행복 금수저라는 단어가 조금은 생소하게 다가올 수도 있다. 최근 어느 신문에서 20대의 젊은 여성이 꽃집을 운영하면서 기자와 나눈 인터뷰에서 이 단어를 사용하는 것을 보고 작은 전율이 느껴졌다. 인터뷰 내용은 "꽃집 운영이 아직 젊은 세대에게는 어렵지 않을까요?"라는 기자의 질문이었는데 그녀는 당당하게 대답했다. "월 수익이 몇십만 원이어도 나는 행복하고 이 일을 선택할 것입니다."라는 그녀의 대답은 너무 확고했고 독자에게 명쾌함을 안겨 주었다.

아울러 너무나도 당당한 그녀의 모습은 무척 아름답게 느껴졌다. 많은 사람들이 추구하는 돈과 명예, 권력보다 더욱 소중한 그 무엇인가를 그녀는 갖고 있는 듯 보여 작은 부러움이 밀려왔다. 그러고 나서 "인생에서 가장 소중한 것이 과연 무엇일까?" 문득 그 답을 얻고 싶다는 생각이 밀려들었다. 어쩌면 우리는 살아가는 내내 그 질문에 대한 정답을 알 수 없을지도 모르겠지만 그 질문은 사는 내내 계속될 것이다.

폭염이 계속되고 있는 8월 어느 날 시원한 커피를 사러 편의점에 들어갔다. 문을 여는 순간 여러 가지 반찬 냄새로 탁한 공기가 느껴졌다. 반찬 냄새의 원인이 어디인가 살피던 중 구석에서 급하게 도시락을 먹는 알바생의 모습이 보였다. 나는 알바 직원에게 "괜찮으니까 먹던 식사 계속하세요."라고 따뜻하게 말을 건넸다.

왠지 그 순간 나의 마음이 짠해진 것은 감정의 사치일지도 모르겠다. "돈을 버는 일인데 이 정도는 전혀 힘든 것 아니에요."라고 당당하게 말하는 20대 후반의 대졸자 청년의 모습은 미래에 대한 희망과 확신을 위해 당연히 감수해야 할 몫으로 지금의 상황을 긍정적으로 생각하는 듯 보였다. "취업을 위한 자격증 시험을 준비 중인데 편의점은 공부하기에 매우 좋아요."라며 밝게 웃는 청년의 모습이 무척 기특하다는 생각이 드는 순간이었다.

요즘 언론에서 보도되는 젊은 사람들의 무분별한 사건 사고를 보면서 숨이 막히는 듯 답답한 심정이었는데, 이렇게 밝은 모습으로 주어진 현실을 긍정적으로 받아들이는 젊은이의 모습을 보니 시원한 사이다를 마시는 듯 상쾌했다. 금수저로 태어나지 못했다며 현실적인 불만을 가질 것이 아니라, 어떠한 힘든 상황도 자신은 극복할 수 있다는 긍정적인 자신감은 그 사람의 얼굴에서 빛이 나게 할 뿐만 아니라 누구에게나 호감의 대상으로 다가온다.

지금 당면한 어려운 상황을 남 탓이나 외부적인 요인으로만 돌리지 말고 자신의 내부를 점검해 보면 어쩌면 명확한 답이 나올지도 모르겠다. "행복은 결국 우리들 자신에게 달려 있고 자신이 스스로 만드는 것이다."라는 '아리스토텔레스'의 말을 깊이 되새기면 누가 주는 행복이 아니라 우리가 만들어 가는 행복이 얼마나 가치 있고 중요한지를 알게 될 것이다.

경제적인 금수저도 좋지만 더욱 좋은 것은 행복 금수저인 것 같다. 남이 보기에 부족한 것이 없어 보여도 불만으로 가득 찬 사람들이 많은데 작은 일에도 감동을 잘하고 감사하는 마음으로 살아간다면 그 사람은 분명히 행복한 사람인 것이다. 굳이 자신이 불행하다며 단정 짓기보다는 작고 소소한 것에서부터 행복을 느끼는 자세를 가져 보면 행복은 멀리 있는 것이 아니라 가까이 존재함을 알게 될 것이다. 부모를 잘 만나 돈이 많은 금수저가 아니어도 우리 모두가 행복 금수저로 살아갈 수 있으면 좋겠다. 지금 이 순간에도 한 마리의 새가 당신을 향해 행복의 날개를 달고 훨훨 날아오는 듯 보인다. 날아오는 소중한 행복을 놓치지 않고 힘차게 부여잡을 수 있는 현명한 사람이 되길 간절히 바란다.

눈물 부자

　가지고 있는 돈이 많아 경제적으로 부자라는 호칭을 얻으면 좋지만, 눈물이 많아 눈물 부자라니. 생각하기에 따라 유쾌한 호칭은 아닌 것 같다. 그러나 한편으론 요즘같이 메마르고 피폐한 사회에서 눈물 부자라는 호칭은 어쩌면 따뜻하고 참신하게 들릴지도 모른다. 필자는 평소에도 눈물이 많은 편이었는데 어머니의 별세 후 예전보다 눈물이 더욱 많아진 것을 느낀다. 눈물은 때로는 인간관계에서 서로 간에 멀고 격해진 감정을 완화하는 해결사의 역할을 하고, 또는 메마른 감정에 단비 같은 촉매의 역할을 하기도 한다.

　시도 때도 없이 흘리는 눈물은 상대방에게 푼수처럼 보여 자제할 필요가 있지만, 상황에 따라 적절히 흘리는 눈물은 당사자를 인간적으로 보이게도 하고 산적한 문제의 해결을 앞당기기도 한다. 감성적으로 너무 메마른 사람은 차가운 철판처럼 온기가 느껴지지 않아 상대방으로 하여금 호감을 사기 어렵고 눈물에도 인색하다. 인간관계에서 적당한 감정의 교류에 눈물은 때때로 음식의 양념 같은 역할을 하기도 한다. 누구나 원하는 돈 부자가 아닌 눈물 부자도 나쁘지만은 않은 것이 상대방에게 연민을 느끼게 하고 때로는 인간적으로 보여 친근감 있게 다가갈 수 있는 여지가 있기 때문이다.

그러나 살면서 눈물을 흘릴 때가 많이 있지만, 때로는 참고 견디며 무뎌져야만 하는 경우도 있다. 지나친 감정의 표현은 상대에게 너무 감성적이고 나약하게 보여 중요한 일을 그르칠 수 있기 때문이다. 느끼는 그대로의 감정을 표현하며 솔직하게 사는 것이 한편으로는 인간관계에서 손해를 볼 수 있음에 조금은 아쉬울 수도 있지만, 현명하게 살기 위해선 적절한 감정 수위 조절로 과유불급이 필요하다. 그렇다고 굳이 눈물이 많은 것이 나쁘지만은 아닌 것이 실컷 울고 나면 눈도 맑아지고 감정이 정화되는 시원함도 느낄 수 있기 때문이다.

그런데 요즘 보도되는 뉴스를 보면서 눈물이 없는 몰인정하고 메마른 감정의 소유자도 존재함에 마음이 착잡해지고 먹먹해진다. 남에게만 빈틈없이 철저하고 정확한 잣대로 비판의 칼날을 들이대는 비정한 사람들은 당연히 인간적인 따뜻한 눈물을 보이는 경우가 적을 것으로 생각된다. 그러나 평범한 우리는 자기 연민에 흘리는 눈물도 때로는 감정의 배설이라는 측면에서 건강해질 수 있는 방법 중 하나이다. 이토록 눈물의 역할은 생각보다 여러 가지 형태로 나타난다. "눈물은 마음속의 괴로움, 서글픔, 두려움, 안타까움, 고마움 등의 감정이 밖의 따뜻한 햇볕을 받았을 때 나오는 수증기"라고 누군가 표현했다.

그만큼 내적으로 따뜻한 감정이 움틀 때 자연스럽게 흘리게 되는 것이 눈물이다. 지금 누구를 의식하거나 눈치 볼 것도 없이 그저 느끼는 감정에 몸을 실어 보자. 폐지 줍는 할머니가 무거운 수레를 끌다 교통사고당한 안타까운 소식에 눈물 흘리고, 꽁꽁 언 빙판길에 반려견을 내다 버려 죽게 만든 사람의 비정함에 눈물 흘리고, 평생 김밥을 팔며 모은 전 재산을 불우 이웃에게 기부한 어르신의 감동적인 사연을 접하고 감동의 눈물을 흘려 보자. 비판보다는 그 어느 때보다 남에게 측은지심을 가지며 따뜻함의 표출인 눈물을 흘릴 줄 아는 인간미 풍기는 사람이 되어 봄은 어떨까! 때로 눈물은 카타르시스를 느끼게 하면서 새로운 시야에 눈을 뜰 수 있게도 할 것이다. 그렇게 눈물을 걷어 낸 후에 청량감 있는 새로운 희망의 내일을 다시 꿈꾸어 보자. 지금 이 순간에도 삶의 다양한 고통을 겪으며 외로워하고 있는 이웃들을 위해 눈물 흘리며 그들을 따뜻하게 보듬어 줄 수 있는 자비로운 한 해가 되기를 간절히 소망한다.

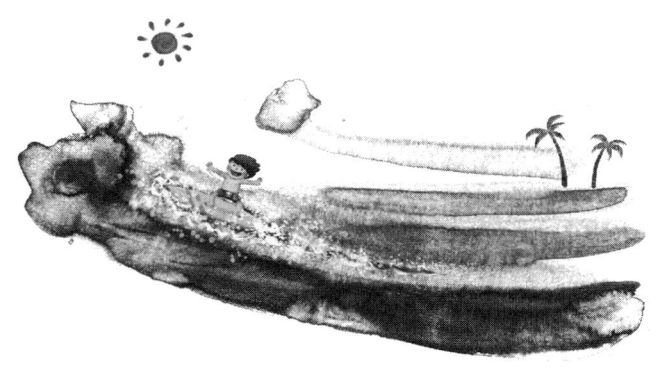

착각의 늪

우리는 살면서 착각을 하는 경우가 많다. 어쩌면 인생은 착각의 연속일지도 모른다. 아니 매일매일 착각의 순간이 없다면 삶이 권태롭고 더 힘들 수도 있을 것이다. 내가 남보다 똑똑하고 우월하다는 착각, 나의 생각은 항상 정의롭고 옳다는 착각, 어떤 경우에도 나는 청렴결백하고 남의 행동은 조금만 실수해도 부도덕하다는 오만의 착각, 자신은 항상 휴머니즘 정신에 입각하여 이타적인 행동을 하는 매우 선한 사람이라는 착각 등등 여러 종류의 크고 작은 착각이 존재한다.

어떤 통계에 의하면 한국 사람 대부분은 자신이 실제 나이보다 몇 살 젊어 보인다는 착각을 하며 살고 있다고 한다. 이런 귀여운 착각은 어쩌면 살아가면서 필요한 착각일 수도 있다. 그러나 이런 착각의 감정이 때로는 착각을 하고 있는 당사자에게 일시적으로 만족감을 줄 수는 있겠지만 그 사람이 건강한 판단력의 소유자가 되도록 만들어 주지는 못할 것이다. 한 예로 '내가 하는 사랑은 예쁜 로맨스이고, 남이 하는 사랑은 불륜' 이라는 내로남불도 해당된다. 잠시 눈앞이 가려져 모든 것이 자신의 휘하에 있는 듯 착각할 수는 있으나, 가려진 것들의 실체가 드러나게 될 때 자신이 무척 어리석었다는 사실을 발견하게 될지도 모른다.

늪에 빠진다는 것은 빠져나오기 힘든 상태나 상황을 비유적으로 이르는 말로 부정적인 의미를 내포하고 있다. 적당한 착각은 무미건조하고 때로는 지루할 수도 있는 우리 인생에 한 줄기 희망과 기쁨을 줄 수도 있고, 건강한 삶을 위해 필요한 양념의 역할을 할 수도 있다. 그러나 인생에서 지나친 착각은 오만과 독선의 이웃을 친구로 착각하여 큰 낭패를 초래할지도 모른다. "훌륭한 후퇴는 곧 용감한 공격"이라는 말의 의미는 이기고 있을 때는 욕심을 적당히 버려야 한다는 뜻과 상통한다. 어느 정도 적당한 승리와 적당한 행운에서 욕심을 그쳐야 안전하고, 더 큰 행운과 성공은 생각하지 못한 추락을 초래할 수 있기 때문이다.

그런데 착각이 지나쳐도 나쁘지 않은 귀여운 생각들

이 있다. 그것은 바로 가족을 사랑하는 마음과 부모에 대한 효성심이다. 자식과 처를 그 누구보다 많이 사랑한다는 착각, 부모에 대한 효성심이 자신은 지극하다는 착각은 순간순간 괜찮을 것 같다. 그 착각은 가족에 대한 사랑과 부모에 대한 공경심을 더욱 고취시킬 수 있는 계기가 될 수도 있기 때문이다. 가정의 달에 더욱 그런 생각이 한 송이 장미처럼 피어오른다. 아니 부부 간, 가족 간의 사랑, 부모에 대한 사랑은 착각이 아닌 진짜로 우리가 몸소 느끼는 현실이길 바란다. 남녀 간의 사랑의 감정은 적당한 착각이 작용할 수 있으나, 가정의 구성원인 가족 간의 사랑과 부모를 향한 존경심은 순간적인 감정보다 영원한 진심이라는 꽃씨로 가득 차기를 소망한다.

이렇듯 적당한 착각의 감정은 인생에서 음식의 맛을 더해지는 양념 같은 역할을 할 수도 있지만, 지나치면 실패의 그림자인 오만과 독선을 잉태할 수 있다는 것을 명심해야 한다. 인생에서 영원한 착각을 꿈꿀 수 있는 시간은 누구에게나 제한되어 있고, 어떤 일에나 유리한 점이 있는가 하면 불리한 점도 있게 마련이다. 나는 누구보다 안전할 거라는 착각, 성공할 거라는 믿음이 착시 현상인 단순한 착각이 아니라 현실이길 진심으로 바란다. 그렇게 만들기 위해서는 상황을 자신에게 유리하게 전환시킬 수 있는 유용한 능력을 기르도록 노력하는 자세가 필요하다. 그리하여 착각의 늪에만 빠지는 어리석은 사람이 아니라 내적으로 성숙한 지혜로운 사람이 많아지면 세상은 더욱 조화로운 세상, 아름다운 세상이 될 것이다. 이런 생각도 나만의 착각일까? 가정의 달을 맞이하여 더욱 그런 세상을 꿈꿔 본다.

희망은 행복의 친구

살면서 누군가를 떠올리면 잔잔한 행복감이 밀려드는 추억의 사람이 존재한다는 것이 과연 행복하다고 할 수 있을까? 오늘을 살아가는 힘이 있어야 우리는 살아갈 수 있는 것인데, 그 힘은 희망이라는 친구일 수도 있고 사랑이라는 친구일 수도 있을 것이다. 어제보다는 오늘이, 오늘보다는 내일이 더 많이 행복할 거라는 희망!

동전의 양면처럼 희망과 행복은 공존하고 있는지도 모른다. 희망이 있어야 행복하고, 행복하려면 희망이 있어야 하고…. "행복을 생각하는 순간 인간은 불행해진다."라는 '존 스튜어트 밀'의 말처럼 줄곧 행복을 그리고 기다려 온 사람이 그렇지 않은 사람보다 불행할 수도 있는 것 같다. 행복을 찾고 기다리기보다는, 그저 행복이 찾아왔을 때 기꺼이 품어 안을 수 있는 여유와 넉넉함을 준비해 두는 것은 어떨까!

오늘 비가 오고 먹구름이 끼어도 오늘을 버틸 수 있는 힘은 내일은 비가 그치고 밝은 해가 반드시 뜰 거라는 달콤한 희망이 있기 때문이다. 오늘도 희망이라는 착한 사기꾼에게 속아 본다. 이렇게 한 달 속고, 나아가 일 년도 또 속아 본다.

인간이 가장 행복하다고 느끼는 순간은 "사랑하는 사람과 밥을 먹을 때"라는 어느 작가의 표현처럼 행복은 인생의 목적이 아니라 그저 그 순간 생존하는 데 필요한 도구인지도 모른다. 보물찾기처럼 찾으려 한다고 반드시 찾아지지 않는 것, 기다린다고 반드시 오지 않는 것이 행복이라는 손님인 것이다. 이렇듯 평범한 행복을 얻기 위해서 우리는 작은 희망일지라도 놓치지 말고 꼬옥 쥐고 있어야 한다.

우리 모두는 불행하기보다는 당연히 행복해지기를 원한다. 또한 우리는 누구나 자기 몫의 그늘, 즉 그림자를 가지고 있다. 연습하는 만큼 행복해질 수 있다는데 그냥 열심히 살다 보면 어느 날 행복이라는 친구가 옆에 와서 미소 짓는 날이 반드시 올 것이라고 우리는 믿고 있다. 그렇게 되는 날 우리는 어느덧 행복의 기술을 터득한 행복의 기술자가 되어 있을 것이다. 그러므로 행복의 필수 조건인 희망이라는 이름의 열차에서 어떤 힘든 상황이 와도 우리는 절대로 내릴 수 없는 것이다.

오늘도 희망이라는 이름에 마냥 속아 본다. 뭔가 이루어질 거라는 막연한 희망일 수도 있고, 가족과 지인들의 소원과 행복을 바라는 구체적인 희망일 수도 있겠지만, 우리는 불안감을 떨치기 위해서도 희망이라는 친구를 놓지 않고 부여잡고 있다. 희망이라는 이름이 때로는 우리에게 이루어질 수 없는 허무한 사기를 치기도 하지만, 우리는 또 오늘도 그 사기에 기꺼이 속을 준비도 되어 있고, 면역력도 어느 정도 갖추고 있다. 속고 또 속더라도 비록 허상일지라도 살아 있는 한 희망이라는 착한 사기꾼을 우리는 절대로 내칠 수도 버릴 수도 없다.

내일도 희망이라는 친구가 우리를 반갑게 감싸안아 줄지 아니면 배신당해 실망감에 휩싸일지 모르지만, 행복해지기 위해서 희망이라는 이름의 기차에 다시 몸을 실어 본다.

취미 재벌

 살면서 자신이 좋아하는 일을 하면서 지낼 수 있는 사람은 복 받은 행운아다. 자신이 하고 싶고 원하는 일이 아닌데 어쩔 수 없는 상황 때문에 해야만 하는 경우도 있기 때문이다. 보수가 높은데 싫은 일을 하는 것과 보수는 낮은데 정말 좋아하는 일을 해야 하는 경우 우리는 어떤 것을 선택해야 할까? 개인적인 의견으로 후자를 권하고 싶다. 돈이야 없으면 당장은 불편하긴 해도 훗날 더 벌 수 있는 여지가 있지만, 하고 싶은 일을 포기하고 싫어하는 일을 하면서 산다는 것은 순간순간이 고역이고 불행하다는 생각을 할 수 있기 때문이다.

 자신이 선택한 직업의 주된 업무가 당연히 중요하지만, 개인적인 취미를 통해 업무에서 생긴 스트레스 해소와 지루함의 공백을 메꿀 수도 있기에 취미 또한 매우 중요하다. 그만큼 취미를 갖는다는 것 또한 일의 성과를 높일 수 있는 긍정적인 역할을 할 수 있다. 자신의 취미가 중요하다고 느끼기에 소중한 시간을 내는 것이 전혀 아깝지 않다고 생각하는 취미 재벌도 주위에 많다. 자신이 좋아하는 취미 활동은 단조로운 일상에 활기찬 에너지를 주고, 자신이 하는 일의 업무 능력을 높이기도 한다. 취미 생활을 즐겁게 하는 사람의 업무 성과가 높다는 조사 결과도 있는 것을 보면 그 중요성은 생각보다 매우 크다고 할 수 있다. 사이클 타기가 취미인 남편은 사이클 탈 때 그 어느 순간보다 제일 행복해 보이는데, 그 모습을 보면 행복감의 첫 발자국이 취미 생활이 아닐까 생각된다.

오늘도 하루 일과가 여러 가지 스케줄로 꽉 차 있는 밝은 미소의 70대 어머니! 그분은 나이에 걸맞지 않은 화려한 옷차림과 낭랑한 목소리로 사람들의 시선을 끌며 주위 사람에게 노란빛 웃음을 선사해 준다. 항상 그분의 활기찬 모습을 보면 영양제나 활력소를 마신 느낌이다. 그녀의 에너지 근원은 다름 아닌 다양한 취미 생활이다. 좋아하는 일을 더 늦기 전에 다 해 보고 싶다는 그녀의 작은 소망은 자신의 삶에 큰 활력을 주고, 만개한 기쁨이라는 꽃을 선사해 준다. 또 다른 80대의 이웃집 어머니는 친구들과 매일 백화점에 출근하여 식사를 하고 다양한 사람들과 대화를 한 후 가벼운 마음으로 귀가한다. "집에만 혼자 있으면 외롭기도 하고 몸의 곳곳이 아프기도 한데 외출해서 사람들을 만나고 오면 기분이 상쾌하다."라며 미소 띤 얼굴로 힘차게 말씀하신다.

어쩌면 어르신들은 혼자 고립된 시간을 보내는 것보다 사람들을 만나면서 사람 체취를 느끼며 대화하는 자체가 어떤 영양제보다 가장 큰 보약일지도 모른다. 누구에게나 똑같이 주어진 24시간이라는 하루를 어떤 색깔로 채색하여 그림을 완성할지는 각자의 선택에 달려 있다. 하얀 도화지 위에 칙칙한 회색빛 유화를 그릴 것인지, 화사한 파스텔 톤 수채화를 그려 낼 건지….

취미가 없이 건조하게 살아가는 사람은 "취미는 필요 없다. 무취미가 취미다."라고 담담하게 말한다. 그러나 우리네 인간은 자신의 취미를 통해 쌓인 스트레스도 풀고 존재감과 행복감을 느낄 수도 있기 때문에 취미는 너무나 중요한 일상생활의 한 부분이다. 즉 취미 생활은 인간과의 채널로 연결된 하나의 소통이며 사회생활의 부분 집합이기에 살아가는 과정 내내 매우 필요하다고 생각된다. 어떤 사람은 취미가 너무 많아서 취미 중독이나 취미 재벌이라는 호칭을 듣는데, 과유불급으로 건강이 허락하는 범위 내에서 적당한 취미 생활을 유지하는 지혜가 있다면 취미 재벌 호칭을 듣는 것도 나쁘지 않다. 나이가 들수록 좋아하는 취미 활동이 조금은 외롭고 뻑뻑한 인생의 수레바퀴를 잘 돌아가게 해 주는 윤활유 역할을 해 줄 거라는 기대감을 품게 되는 하늘이 유난히 맑은 여름 어느 날 오후이다.

참외와 단팥빵

　초여름의 향기가 코끝을 스치는 요즘이다. 앞으로 본격적인 무더위가 찾아올 생각을 하니 벌써 필요 없는 걱정의 그림자가 엄습한다. 개인적으로 여름을 싫어하는 나이지만, 친정어머니의 생신이 한여름이어서 어릴 때는 그 여름날을 설레는 마음으로 기다리곤 했다. 하지만 지금은 어머니가 너무나도 길고 먼 여행을 떠나신 지 몇 년이 되었기에 여름은 나에게 어머니를 향한 그리움의 계절로 바뀌었다. 그리고 여름에 한창인 노란 참외를 보면 어머니가 그리워 울컥하는 마음이 밀려와 여름이라는 계절은 즐거움보다는 나에게 조금은 버겁고 힘든 시간으로 다가온다.

　지금도 노란 참외의 단맛을 느끼며 여름이 가까이 다가왔음을 알게 되었지만 아울러 어머니와의 소중한 추억이 뿌연 슬픔으로 다가온다. 여러 가지 과일 중에서 유난히 참외를 좋아하셨던 어머니! 어머니께서 참외를 맛있게 드시면서 행복하신 듯 밝게 웃으셨던 모습이 지금 이 순간도 눈앞을 아른거린다. 참외라는 단순한 과일이 이제는 어머니의 작고로 생긴 아쉬움과 그리움으로 점철된 의미 있는 추억의 상징이 되었다. 참외와 더불어 또 어머니를 생각나게 해 주는 단어 단팥빵! 어머니가 항상 즐겨 드셨던 빵이다. 가끔 어머니가 보고 싶을 때는 나도 제과점으로 달려가서 단팥빵을 몇 개 사 가지고 와 입에 넣어 본다. 그 맛의 그리움은 어머니에 대한 어린 막내딸의 그리움이기도 하다.

예전에는 싫어했어도 나이가 드니 생전에 어머니가 좋아하셨던 음식들이 좋아지면서 먹고 싶어진다. 작고하신 어머니를 생전보다 더욱 이해하게 되고, 더 느끼고 싶어지는 자식의 애정 어린 마음의 발로인 것 같다. 어머니가 살아생전 우리 곁에 계실 때는 몰랐다. 참외가 그렇게 달고 맛있는 과일인지를, 단팥빵이 그렇게 입맛을 돋우는 빵인지를…. 어머니는 5남매를 키우다 보니 자식의 식성이 모두 달라서 어쩌면 당신이 좋아하는 음식이나 간식을 제대로 드시지 못했을 것으로 생각된다. 그래서 어머니 생신인 그날만은 어머니가 좋아하시는 참외와 단팥빵을 우리는 반드시 준비했었다. 지금 이 순간에도 현철하셨던 어머니의 생전 모습이 떠올라 마음이 무겁고 안타깝기만 하다.

어머니가 떠나시기 몇 달 전에 외할머니가 그립다고 하시면서 선산 묘소에 가서 뵙고 싶다고 우셨던 모습이 떠오른다. 막내인 내가 어머니 모시고 같이 가겠다고 약속했는데 그걸 못 지켜 드려 너무나도 죄송한 마음을 감출 수 없다. 어머니의 그 작은 소원을 이행하지 못한 자식으로서의 죄스러움이 크게 다가온다.

돌아가신 지 몇십 년 되는 외할머니를 그리워하면서 슬퍼하시는 어머니의 모습이 그때는 이해가 되지 않았다. 아니, 어머니가 지나치게 오버하는 줄 알았다. 그러나 어머니가 작고하신 후 지금의 나는 어머니의 눈물을 마음속 깊이 이해하게 되었다. 그래서인지 딸 앞에서 어머니와의 추억을 펼치면서 생전에 어머니가 울면서 외할머니를 그리워했듯이 똑같은 모습으로 울먹거리고 있는 내 모습을 본다.

먼 훗날 예쁜 딸도 자식 앞에서 나와의 추억 보따리

를 풀면서 울먹거리게 될까? 어머니가 좋아하셨고 또 내가 좋아하게 된 노란 참외를 보면서 딸도 내 기억을 잠시나마 하겠지! 그러면서 딸도 엄마인 나와의 추억을 빌미로 어쩌면 참외를 좋아하게 될지도 모른다. 이렇듯 음식은 단순히 먹는다는 의미 외에 추억을 적립하고, 추억의 누군가를 소환하고, 추억의 그 순간을 선명하게 재현시켜 준다.

 이렇게 추억의 매개체인 음식은 고맙게도 추억의 선물을 우리에게 선사해 준다. 곧 어머니의 생신이 다가오면 어머니가 좋아하시던 음식을 정성스레 차릴 계획이다. 지금 이 순간 기쁨과 슬픔을 함께 나눌 수 있는 식사를 생전에 어머니와 자주 하지 못한 게으름과 죄송함이 밀물 되어 내 시야를 가로막는다. 나이가 들면서 추억이 때로는 기쁨보다 아픔으로 되돌아올 수도 있다는 것을 절감하게 되는 어느 여름날 오후이다.

그리움이라는 이름으로

　더위의 심연 속으로 점점 빠져들고 있는 깊어 가는 여름이다. 무더위로 의식이 약간 희미해지고 집중력이 저하되는 계절이 찾아오면 그리움이라는 친구가 조용히 내 마음의 문을 노크한다. 그 친구의 방문은 나에게 환한 반가움보다는 애잔함과 아쉬움의 선물을 남긴다. 그 선물을 받고 난 후의 내 마음은 어느새 그리움으로 새겨진 어머니와의 추억 여행을 떠난다.

　여름은 머나먼 하늘나라로 길고도 긴 여행을 떠나신 어머니의 생신이 자리 잡고 있는 계절이다. 어머니가 살아 계신 예전에는 폭염의 여름이 휴가 계획으로 가슴 설레고 즐겁기도 했지만 이제는 여름이 방문하면 어머니에 대한 그리움으로 가슴이 먹먹해진다. 길가의 노점에 놓여 있는 노란 참외를 보노라면, 환한 미소를 지으며 "참외가 무척 달구나. 나는 과일 중에서 참외가 제일 좋더라." 말씀하시면서 맛있게 드시던 어머니의 모습이 순간 오버랩된다. 언젠가부터 어머니를 그리워하면서 나도 참외를 즐겨 먹게 되었다. 그 순간만큼은 어머니가 살아서 곁에 계신 듯 어머니의 체온이 느껴지는 것 같다. 생전에 어머니가 외롭지 않도록 더욱 따뜻하게 대해 드리지 못한 죄송함이 밀물되어 나를 짓누르는 순간이다.

이별보다 더 슬픈 것은 가슴속에 새겨진 그리움이다. 시간이 흐를수록 희미해지지 않고 오히려 그리움이라는 이름으로 더욱 선명해지기 때문이다. 부모와의 이별로 찾아온 그리움이라는 친구는 이 세상 다할 때까지 함께 가야 할 영원한 벗인지도 모른다. "막내야, 오늘은 별일 없냐."라고 매일 안부를 물으시던 어머니의 다정한 목소리가 귓전을 맴돈다.

지금 이 순간도 옆에서 빙그레 미소 지으며 나를 쳐다보고 계신 것 같다. 우리네 인간은 왜 부모님 생전에는 그 소중함을 모르다가 떠나신 후에야 엄청난 후회를 하는 어리석음에 괴로워할까? 어머니의 생신상에 항상 놓아 드렸던 참외와 단팥빵! 단팥빵 한 조각을 입에 넣으면서 그리운 엄마를 잠시 만나 본다.

삶의 긴 여정에서 우리는 좋은 인연을 맺은 사람들에게 그리움의 대상이 되기를 원한다. 생각조차 하기 싫은 악연이 아니라, 누군가의 가슴에 각인된 그리움으로 남을 수 있는 사람은 나름대로 성공한 사람이라고 할 수 있다. 문득 '이해인' 시인의 〈이런 사람 저런 사람〉이라는 시 한 구절이 떠오른다.

"한순간을 만났어도 잊지 못하고 살아가는 사람이 있고, 매 순간을 만났어도 잊고 지내는 사람이 있다."

내가 필요할 때 곁에 있어 주고, 내가 힘들 때 떠나지 않고 따뜻한 손을 건넬 수 있는 사람은 분명 누군가가 그리워하기에 충분한 가치가 있는 사람일 것이다. 하늘로 떠나가신 부모에 대한 그리움, 옛 친구나 연인에 대한 그리움 등등. 우리는 우리에게 남겨진 벅찬 그리움을 가슴에 안고 살아가야 한다. 그 과정이 인생이기 때문이다. 보고 싶고 잊을 수 없는 그리운 사람이 되기 위해서라도 다가온 인연들에게 따뜻한 가슴으로 안아 줄 수 있는 넉넉한 사람이 되어야겠다. 지금 여름임에도 불구하고 마음의 추위를 느끼고 있는 모든 사람들에게 따뜻한 손길을 내밀 수 있는 사랑으로 가득 찬 여름을 기대해 본다.

Olive Grove, Saint-Rémy – Vincent van Gogh

3
가을의 장

행복 샤워

우리는 대부분 하루의 일과를 샤워로 시작해서 샤워로 마무리한다. 하루의 시작을 상쾌하게 출발하고 싶은 작은 바람으로 샤워를 하고, 하루의 피곤함을 덜어 내고 일상의 각질을 씻어 내기 위해서 마무리 샤워를 한다. 샤워를 하는 그 순간은 편안함과 시원함 그 자체이다. 문득 이 가을에 행복의 물로 샤워를 해 보고 싶다는 신박한 생각이 떠오른다. 다가온 가을에도 행복 샤워를 할 수 있는 행운을 기다린다.

뜻밖의 사고로 소중한 목숨을 잃는 사건 뉴스를 접하면서 예측할 수 없는 미래에 대한 두려움이 밀려온다. 운전자의 미숙한 운전으로 발생한 승진 축하를 위해 모인 동료들의 갑작스러운 죽음을 보면서 "인생은 참 묘하구나!"라는 생각이 밀려온다. 잠시의 행복 후에 찾아온 그 누구도 막을 수 없고 예측할 수도 없는 돌발 변수는 오직 신만이 알고 계신 것일까? 집 밖을 나서는 순간부터 운명의 시계가 빠르게 돌아가고 있다는 생각에 '집 밖은 위험해'라는 말이 떠오른다.

이렇듯 미래를 예측할 수는 없지만, 우리는 어제보다 좀 더 행복한 오늘을 바라고, 무탈한 인생을 소망하는 것은 분명하다. 어쩌면 우리는 눈에 보이지 않는 작은 행복은 지나쳐 버리고, 눈에 띄는 커다란 행복만을 눈에 불을 켜고 찾으려 하는지도 모른다. 폭염의 계절 여름이 떠나고, 수확의 계절 가을이 다가옴도 자연의 순리 앞에 고개가 숙여지는 편안한 행복이고, 하루하루를 무탈하게 보낼 수 있는 것도 더할 나위 없는 행복이다. "인간의 불행은 순서만 다를 뿐 누구에게나 똑같이 일어난다."라는 어느 작가의 말처럼 한 세상을 살면서 고통과 작은 시련 없이 평탄하고 편안한 삶을 사는 사람은 아무도 없을 것으로 생각된다.

필자는 '한 편의 서사시를 완성하는 작업이 인생'이라고 생각한다. 그런데 그 과정이 언론에서 너무나도 다이내믹하고 운명적으로 비춰져 요즘은 알 수 없는 미래에 대해 작은 두려움마저 생긴다. 인생의 목적지는 각기 다르지만, 빛나는 행복의 옷을 입을 수 있기를 소망하는 마음은 똑같을 것이다. 불행이 우리에게만은 비켜 가기를 바라지만, 행복의 씨실과 불행의 날실이 적당히 배합된 직조가 인생인 것을 부정하기는 어려울 것 같다. "신은 바다와 같고 우리는 그 바다에 사는 물고기와 같다."라는 인도 철학자 '오쇼 라즈니쉬'의 말이 문득 생각난다. 거대한 신 앞에서 미약한 존재인 우리는 원망의 눈보다는 사랑과 감사의 눈으로 신을 바라보아야 한다.

어린 시절에는 모든 것이 마냥 재밌고, 즐겁고, 희망으로 가득 찬 시간의 연속이었던 것 같다.

그래서 행복이라는 친구를 자주 만날 수 있었는데, 성인이 되고 나이가 들면서 행복의 색깔과 형태는 다양해졌고, 행복은 우리가 자주 만날 수 있는 친구가 아닌 어려운 상대가 되어 버린 듯싶다. 그만큼 행복에 대한 눈높이가 높아졌고 까다로워졌기 때문일까? "신이 인간을 사랑하는 방법은 고통의 방법이고, 어떠한 존재든 고통 없는 존재는 없다. 고통은 인간적인 것으로 고통이 없으면 인간적인 존재가 될 수 없다."라는 '정호승' 시인의 글에서 진정한 행복의 본질을 이해하게 된다.

로또에 당첨되어 거액의 돈을 수령하는 큰 행운만이 행복이 아니고 일상에 스며든 사소하고 작은 기쁨들이 행복의 결정체라는 것을 나이가 더할수록 알게 되는 것 같다. 나아가 행복을 꿈꾸는 우리는 '행복은 저 멀리 잡을 수 없는 신기루에 있는 것이 아니고, 바로 우리 옆 가까이 손 닿는 곳에 있는 잔잔한 기쁨의 열매'라는 진리를 절감하는 그 순간, 행복 샤워의 환희와 대면하게 될 것이다.

 "세상에서 가장 소중한 선물은 바로 지금 이 순간이고, 지금 자신이 하고 있는 일에 완전히 몰두할 때 행복해진다."라는 '스펜서 존슨'의 말이 유난히 깊이 와닿는 가을의 시작이다.

시간 은행

 우리는 살면서 재물의 가치와 중요성은 익히 알고 있지만, 시간의 가치는 제대로 알지 못하는 경우가 있다. 시간을 재화로 환원하면 얼마나 큰 가치가 있는지를 나이가 든 후에 비로소 우리는 절감한다. 시간의 가치는 무한하여 우리는 그것만 있다면 돈도 많이 벌 수 있는 기회가 있고, 예쁜 사랑을 새로 시작할 수도 있고, 간절히 원하는 목표를 향해 새로운 도전을 할 수도 있다. 그러나 나이가 많이 들수록 능력이 부족해서가 아니라 남은 시간이 부족해서 포기하거나 도전을 하지 못하는 경우가 종종 생길 수 있다. 그런데 대부분의 우리는 젊을 때는 이토록 중요한 시간의 가치를 제대로 인지하지 못하고 마구 낭비하기 일쑤다.

 돈으로는 어제를 살 수 없고, 한번 지나가 버린 시간을 되돌릴 수도 없다. 물론 인생에서 돈이 매우 필요하고 그 어느 것보다 중요하지만, 돈보다 더 중요하고 가치 있는 것은 시간이라고 생각된다. 시간이라는 장벽 때문에 나이가 들어서는 새로운 도전을 해 보기가 어렵고, 멋진 사랑도 새로 시작하는 것이 어렵다. 그때 느끼는 공허함을 아직 느껴 보지 않은 사람은 이런 의견에 공감하지 못할 것이다. 누군가는 "많은 돈과 젊음을 서로 바꿀 수만 있다면 전 재산을 다 내놓아도 괜찮을 것 같다."라고 얘기한다.

그만큼 힘이 센 듯 보이는 돈으로도 절대 살 수 없는 시간이라는 소중한 보석의 가치를 우리는 왜 알지 못한 채 그동안 마구 낭비하며 지냈을까? 우리 주변에 많이 남아 있는 것이 흔하디흔한 시간으로 생각했는데, 그렇게 생각했던 어리석음이 한없이 후회되지만 지금부터라도 시간을 귀하게 여기고 아껴 써야겠다는 강한 결의가 밀려든다. 한편으로 시간의 절대 권력 앞에서 나약해지는 우리네 인간의 모습이 안타깝게 다가온다. 젊음이 최대의 무기인 이유는 나이가 어리면 무엇이든지 도전할 수 있는 자신감이 있고, 어떤 작품이든 만들 수 있는 여력이 충분히 남아 있기 때문이다.

이토록 소중한 시간을 함부로 헛되게 흘려보내선 안

될 것이다. 내게 주어진 시간을 알차게 사용하지 않으면 남는 시간은 가차 없이 폐기 처분 될 수도 있다. 누군가와 헤어져 봐야 그 사람의 소중한 가치를 알 듯 비로소 나이가 들어서야 시간의 가치를 절실히 알게 된다. 예측할 수 없는 불투명한 미래를 대비해 돈을 은행에 저축하듯 매일매일 쓰고 남는 시간을 은행에 저축하여 필요할 때마다 꺼내 쓸 수 있다면 얼마나 좋을까! 그럴 수 없음이 지금 이 순간 너무나도 아쉽게 느껴진다. 돈을 알뜰하게 쓰려고 노력하고 관리하듯 시간도 주도면밀하게 계획하고 철저히 관리해 보자.

  지금 이 순간도 빠른 속도로 시간은 흐르고 있다. 흘러간 강물이 되돌아올 수 없듯이 우리네 인생도 되돌릴 수 없다. 지나간 시간이 아쉽거나 후회의 물살이 밀려오지 않도록 두 발이 닳도록 주어진 오늘 열심히 살아 보자. 시간을 얼마나 아끼고 잘 관리했느냐에 따라 인생의 성패가 달라질 수도 있다는 것을 명심하자. 벌써 연말의 기차는 저만치서 우리의 탑승을 기다리고 있다. 함박꽃이 만개한 얼굴로 탑승할 수 있는 여유로움을 선택하기 위해서라도 전속력을 다한 현재의 우리 노력은 진행 중이다.

사진 병원

　어느덧 10월과 아쉬운 이별식을 치르고 11월과의 만남을 준비할 시간이다. 가을은 점점 무르익고 저만치서 하얀 겨울이 미소를 지으며 다가온다. 가을은 추억의 계절이고 그리움의 계절이다. 문득 빛바랜 앨범을 들추어 보며 지나간 추억의 시간과 만남을 시도하고 싶어진다. 사진은 추억이고 인생이다. 사진을 보고 있노라면 사진 속의 얼굴 그 자체를 보기도 하지만 언제 어디서 어떤 마음의 상태로 사진을 찍었는지 기억을 더듬게 되고 그 기억이 선명하게 떠오른다.

　사진은 바로 삶의 한 페이지인 것이다. 지나간 어느 시간이 그리울 때 우리는 사진을 통해 과거의 추억과 조우한다. 어린 시절이 그리우면 어릴 때 사진을 들춰보게 되고 학창 시절이 그리우면 당시 찍은 사진을 통해 그 순간을 기억하며 잠시 추억 여행을 시작한다.

　문득 어머니가 보고 싶어 어머니 사진을 꺼내 본

다. 사진 속 어머니는 너무 젊으셨고 상당한 멋쟁이셨다. 교복을 입고 찍은 여고생 시절의 사진은 70여 년이 된 것으로 가보로 소장되는 소중한 사진이다. 한창 꿈이 많은 여고생 시절의 어머니 사진은 내가 많이 좋아하는 사진이기도 하다. 사진 속에서 웃고 계신 어머니 모습을 보고 있자니 어머니에 대한 그리움이 밀려오면서 마음 한편이 아려 온다. 아버지가 건강하실 때 찍은 사진은 인생이 덧없음을 느끼게 해 준다. 지금은 아버지의 거동이 불편하시기 때문에 사진을 통해 건강하신 아버지를 만나는 지금 이 순간, 인생의 무상함과 알 수 없는 삶의 처절함마저 느낀다.

얼마 전에 시간이 많이 흘러 찢어지고 훼손된 사진을 깨끗하게 복원해 주는 사진 의사를 방송을 통해 만났다. 아직은 생소하고 색다른 직업이었는데 매우 의미 있는 일을 하고 있다는 생각이 드는 순간이었다. 나이가 지긋한 어르신이었는데, 일에 대한 자긍심을 갖고 큰 보람을 느낀다고 자신감 있게 말씀하시는 그 모습에서 후광이 발산하는 듯 보였다. 누군가에게는 엄청난 재산과도 바꿀 수 없을 정도로 소중하고 귀한 추억의 사진을 마치 새로 찍은 사진처럼 깨끗하게 복원해 주는 그 기술은 다름 아닌 마이더스의 손이었다. 희미해지는 누군가의 인생에 생기를 불어넣어 추억을 다시 살려 주는 사진 의사는 사진을 통해 훼손된 추억을 살려 주고 과거의 인생을 복원해 준다. 돈으로도 환산할 수 없는 위대한 일을 하는 사진 의사의 모습이 존경스러움으로 다가왔다.

평소에 사진 찍는 것을 좋아하지 않는 사람들도 그때그때 모습을 사진 찍어 놓기를 권한다. 왜냐하면 자신 모습을 사진 속에 남기려는 그 순간이 바로 우리의 추억이고 삶이고 역사이기 때문이다. 보고 싶은 사람을 사진으로나마 만날 수 있음에 감사하지만 추억과의 대면은 애달픔과 안타까움의 항해를 하는 작업인 것 같다.

지나간 한 컷을 다시 그때와 똑같이 현실로 재현할 수 없기에 아쉬움이 밀려들지만 그래도 기억의 한 페이지로 남길 수 있다는 것만으로도 안도감을 가진다. 흘러간 추억의 시간을 꽃피게 해 주었던 사람들과의 만남은 지금 우리의 삶을 풍요롭게 만들어 주는 보석 같은 존재이다. 잠시나마 옛 시절로 돌아가 지금 우리가 살고 있는 위치를 확인해 주고, 시간의 흐름에 내 모습이 얼마나 변화했는지를 깨닫게 해 주는 사진이 새삼 고맙게 느껴진다.

우리가 나눈 사랑의 기억들은 훗날에도 누군가의 영원한 유산이 될 것이다. 소중한 유산으로 남기기 위해서라도 매 순간을 사진으로 찍어 추억의 보석함에 보관하자. 살아 있음에 감사하고 매 순간이 기적과 같은 인생에서 영원히 간직하고 싶은 소중한 인생의 한 컷을 위해 오늘도 10월의 어느 멋진 날을 연출한다. 점점 무르익는 가을 속에서 원숙한 인생의 사진이 탄생하는 거룩한 순간이다.

걱정 부자

돈이 많아 부자라는 호칭 들으며 살면 좋겠지만, 걱정이 많아 걱정 부자라는 호칭을 들으면 기분이 그다지 유쾌하지는 않을 것이다. 그러나 복잡다단한 현대 사회에서 절대로 걱정 없이 산다는 것은 불가능하다. 매일 예기치 않은 사건 사고가 발생하는 현실 앞에서 우리는 안타까움과 알 수 없는 두려움을 느낄 뿐이다. 부모와 떨어져 살고 있는 자식이 걱정되어 항상 노심초사하는 지인을 보면 부모로서 어쩔 수 없는 걱정거리임을 이해하게 되고, 건강이 좋지 않은 어르신이 다가올 내일을 두려움 속에서 걱정스러운 나날을 보내는 것도 진심으로 이해가 된다.

그러나 우리가 살면서 갖고 있는 걱정거리의 반 이상은 쓸데없는 걱정이라는 어느 의학 전문가의 소견을 들으면서 아직 닥치지 않은 내일을 너무 걱정하지 말고 오늘을 활기차고 조금은 담담하게 살아가는 자세가 필요하다는 생각이 든다. 살면서 내일 어떤 폭우나 눈보

라가 휘몰아칠지 아니면 휘황찬란한 아름다운 무지개가 뜰지는 "오직 하늘만이 알고 계실까?" 그 누구도 예측할 수 없다. 그냥 지금 이 순간을 평화로운 마음으로 재미있게 즐기며 살면 좋겠다. 이가 튼튼해 맛있는 음식을 맘껏 먹을 수 있는 것도 행복이고, 몸이 건강해서 좋아하는 어딘가를 자유롭게 여행할 수 있다면 그것도 행복이다. 보고 싶은 사람을 언제든지 만날 수 있다면 그 또한 너무나도 큰 행복이다. 쓸데없는 걱정거리에 오늘의 편안함과 행복감을 놓치지 않으면 좋겠다.

걱정을 미리 한다고 문제 해결이 빨리 되는 것도 아니고 어차피 시간을 필요로 하는 걱정거리는 시간이 흘러가야 한다. 당장 해결하려고 하다가 잘못된 판단을 하거나 실수를 할 수도 있고 낭패를 볼 수도 있다. 막연한 걱정보다는 내일 할 일에 대한 구체적인 계획을 세우는 시간을 갖고, 오늘은 지금 하는 일에 대해 최선을 다하는 자세를 가져 보는 것이 현명하다. 그러면 알 수 없는 미래에 대한 불필요한 걱정은 분명히 점점 사라져 버릴 것으로 생각된다. 전쟁에 나갈 때도 만반의 준비를 하고 마음의 각오를 충분히 하면 걱정은 줄어들게 되는 것처럼 불확실성에서 출발하는 걱정거리의 해소를 위해서도 삶에서 열심히 뛰는 자세가 필요하다. 물론 나 자신도 그렇게 하지 못하고 있음을 이 자리에서 고백한다. 감성적인 면이 많다 보니 겁도 많고 미래에 대한 두려움도 많은 것 같다. 이제는 좀 더 걱정으로부터 자유로워지고 싶다는 작은 바람을 가져 본다.

우리가 어떤 일의 성과를 기다릴 때 행동이나 실천 없이는 성과를 기대할 수 없다. "내일의 계획은 오늘의 하찮은 행동에 미치지 못한다."라는 어느 책 구절이 생각난다. 그만큼 지금 당장 할 수 있는 행동이 내일 세우는 계획보다 중요하고 의미 있다는 뜻이다. 우리는 살면서 어떤 행동으로 옮기기 전에 너무 머릿속으로 주저하고 걱정만 하는 경향이 있는 것 같다.

"잠재의식은 기름진 땅이며 의식하는 마음은 씨앗과 같다. 좋은 씨앗에서는 좋은 열매가 열리고 나쁜 씨앗에서는 나쁜 열매가 열린다."라는 '조셉 머피' 박사의 말처럼 부정적인 생각이 내재한 걱정의 마음보다는 긍정적인 생각이 내재된 활기찬 에너지는 분명히 성공을 이끄는 행운을 가져다줄 것으로 생각된다.

 걱정도 분리수거를 해서 미래에 대한 생산적인 걱정은 남겨 두고, 머릿속만 복잡하게 만드는 비생산적인 쓸모없는 걱정은 가차 없이 내다 버리도록 하자. 아직 발생하지 않은 문제점과 아직 만들어지지 않은 기출문제는 때로 시간이 임박해서야 더 현명한 답이 나올 수 있기 때문이다. 인생은 기차 여행과 같아서 중간에 누가 내리고 오를지 아무도 모른다. 한 치 앞을 내다볼 수 없는 것이 인생일진대, 굳이 소중한 오늘의 시간을 걱정만 하면서 보낼 수는 없다. 후회와 걱정을 덜하는 것이 장수의 비결이라고 하니 우리의 건강과 장수를 위해서도 걱정거리를 줄이는 한 해가 되기를 소망한다.

눈물 종량제

누군가는 눈물의 양으로 그 사람의 순수성과 인정 지수를 측정한다. 때로 우리는 인정이 없는 차가운 사람을 눈물이 적고 감성도 메마른 경우로 판단하기도 한다. 물론 꼭 그런 것은 아니지만, 눈물은 그 사람을 인간적으로 보이게도 하고 종종 상대에게 닫힌 마음의 문을 조심스레 열게 해 주는 매개체 역할을 해 주는 것은 분명한 것 같다. 때로는 흐르는 눈물의 양을 상황에 맞게 적당하게 조절할 줄 아는 지혜도 필요하건만 간혹 슬플 때의 감정은 우리가 주체하기 어려울 때도 있다.

형제 중 유난히 눈물이 많은 나는 마음이 무척 감성적이고 여린 편이다. 친정어머니와의 이별 후 확실히 증명이 된 것 같다. 어머니 얘기를 할 때마다 눈물을 흘리는 나와는 달리 언니들은 너무나도 담담한 모습을 보인다. 어머니에 대한 효심인지 아니면 그리움 때문인지 알 수 없는 눈물이 종종 흘러 난감할 때도 있다. '눈물만이 우리가 인간'이라는 것을 증명해 주며, 짐승 중에 낙타와 코끼리도 눈물을 흘리지만 정서적 눈물은 사람만이 흘릴 수 있다. 그것이 사람과 동물의 다른 점이다. 이런 배경으로 '인간적인 사람이 눈물을 잘 흘린다'라는 대부분 사람들 생각에는 이론의 여지가 없을 것 같다. 요즘 언론 매체를 통해 드러나는 수많은 슬픈 소식들이 눈물샘을 자극한다. 직장 내에서의 과로사, 학교나 직장에서의 따돌림으로 인해 스스로 소중한 목숨을 끊는 안타까운 뉴스, 노동 현장에서의 예기치 못한 사고사, 교통사고, 독거사 등등 마음이 편치 않은 뉴스가 범람하고 있다.

모두가 편안하고 행복하게 살기를 바라고 원하건만 세상은 그리 만만하지 않고 녹록지 않다. 저마다 아프다고 울부짖어도 주위에 아무도 들어 주는 사람이 없는가 보다. 그래서인지 다들 마음속으로 소리 없는 아우성을 치는 나약한 모습으로 바뀌는 것 같다. 어찌 생각하면 지금처럼 여러 가지 힘든 시간을 겪으면서도 살아남은 모든 사람들이 대단하게 보이기도 한다. 보이는 것이 다가 아니라 마음속을 깊이 들여다봐야 할 요즘인 것 같다. 서로를 불신하고 자신의 입장만을 크게 소리 내는 현실 앞에서 "서로를 믿는 것처럼 아름다운 것은 없다. 믿음은 나를 내어 주는 고귀한 행위"라는 '법정' 스님의 말씀이 깊이 다가온다.

눈물은 일종의 종량제 같아서 예전에 많이 흘리면 눈물샘이 말라 나오지 않을 수도 있다는데 요즘의 우리가 그런 모습이 아닌지 안타깝다. 각자에게 닥친 어려운 현실 때문에 정서적으로 메마른 사람이 많아지는 것같이 느껴지는 요즘이다. 무언가에 억울한 사연이 있는 사람을 만나면 같이 들으며 공감해 주고, 몸과 마음이 아픈 사람을 만나면 상처를 보듬어 주기도 하고, 외로운 사람에게는 위로의 말 한마디 건네 보고, 같은 운명의 공동체로 서로에 대한 비판과 비난보다는 각기 다른 입장을 이해하면서 따뜻한 손길을 내밀어 보는 세상이 되길 간절히 소망한다.

서로가 다른 것을 인정하고 받아들여 함께할 때 우리의 삶이 조화를 이뤄 행복한 삶을 살게 된다는 것을 인식하게 될 순간이 반드시 올 것이다.

무감각한 사람보다는 주변의 안타까운 소식이나 슬픈 장면을 보면 맘껏 눈물 흘릴 줄 아는 사람, 역지사지로 타인의 감정까지도 들여다볼 줄 아는 배려 있는 사람, 지인의 부고 소식에 인생의 허무함을 느낄 줄 아는 정서가 풍부한 사람, 힘들어하는 누군가를 위해 어깨 한쪽을 내밀 줄 아는 여유로운 사람이 많아져서 이 사회가 인정 넘치는 세상이 되면 우리는 더욱 행복해질 것이다.

눈물만큼은 종량제가 적용되지 않아서 슬프고 안타까운 소식을 접했을 때 타인에 대한 측은지심의 눈물을 얼마든지 흘릴 수 있도록 눈물샘이 마르지 않으면 좋겠다. 차가운 가슴보다는 따뜻한 가슴을 가진 사람이 좀 더 많아지는 이 세상을 꿈꿔 본다.

이별 리콜

리콜의 사전적인 뜻은 제품에 결함이 있을 때 생산 기업에서 그 상품을 회수하여 점검, 교환, 수리해 주는 제도를 말한다. 문득 "어설프고 서툴렀던 첫사랑을 리콜하여 만족스러운 완성품을 다시 만들 수는 없을까?"라는 재미난 생각이 마음 깊숙한 곳에서 솟구쳤다. 물론 다소 엉뚱한 생각임이 분명하다. 최근 어느 방송사의 〈이별도 리콜이 되나요?〉라는 프로그램을 보면서 문득 생각에 잠겼다. 지나간 시간을 되돌려 다시 세팅하고 싶은 부분 중 하나가 어긋난 인연일 수도 있겠다는 생각에 신선한 접근인 것 같아서 고개가 끄덕여지는 순간이었다.

우리는 살면서 후회도 하게 되고 때로는 적지 않은 실수도 하게 된다. 그것은 일에 대한 문제일 수도 있고 사람에 대한 것일 수도 있다. 일은 보완 수정을 하여 아쉬움 없이 재세팅을 할 수 있지만, 잘못된 판단으로 사람을 놓치거나 잃게 되면 돌이킬 수 없는 손실이 발생한다. 실수는 실패가 아니고 때로는 성장과 변화의 새로운 기회가 생기게도 한다. 어떤 관점에서 보면 사람을 잃는 것은 인생에서 매우 큰 데미지를 입는 것이기에 정말로 신중하게 판단하고 결정해야 한다. 지나간 인연을 다시 맺을 수 있는 기회가 우리에게 생긴다면 과연 우리는 어떤 선택을 하게 될까?

누군가는 "사람은 고쳐 쓸 수 없고 한번 지나간 인연을 다시 잡는 것은 생각보다 어려운 일"이라고 말한다. 그 말이 너무나도 당연하지만 막상 그 입장에 처한 당사자는 다가올 미래에 아쉬움과 후회가 없도록 주어진 인연에 최선을 다하는 것일지도 모른다.

위 방송 프로에서 가장 인상적으로 가슴에 와닿은 사연이 있었는데, 이별 후 5년 정도 시간이 흐른 뒤 만남이 이루어진 첫사랑 커플의 얘기다. 서로 싫어져서 헤어진 것이 아니고 여자의 유학으로 이별을 선택했던 그들이었는데, 이별 후 서로에게 아쉬움과 그리움의 시간이었지만 남자가 새로운 연인이 생겨서 재결합을 원치 않아 패널과 시청자들의 안타까움을 샀다. 그 장면을 보면서 사랑은 타이밍이 중요하고 이별 후 재결합은 결코 쉽지 않은 선택임을 절감했다. 아울러 지나간 인연을 리콜하는 것은 어쩌면 두 번째의 이별을 경험하게 될지도 모른다는 부정적인 생각도 고개를 들었다.

찢어진 종이를 붙여 온전한 상태로 사용할 수 없듯이 어긋난 인연을 다시 처음 만난 인연으로 되돌리는 것은 과연 순리에 역행하는 것일까? 방송에 나온 많은 연인들의 이별 리콜 과정을 보니 안타까운 마음이 밀물처럼 밀려오면서, 이별을 선택하기 전 심사숙고하여 훗날 이별에 대한 아쉬움이 적기를 바라는 마음이 간절해졌다.

스쳐 간 인연을 다시 붙잡으려는 방송 출연자들의 노력은 주어진 삶의 한 페이지를 잘 마무리하고 싶은 작은 소망의 발로이겠지만, 다음 페이지로 넘어가야 할 시간이라면 기꺼이 받아들이는 것이 순리이다. 과거의 추억이 미련으로 남아 미래의 발목을 잡는 것은 결코 바람직하지 못함을 우리는 잘 알고 있다. 소중한 추억의 시간은 힘들 때 가끔 찾는 삶의 비타민으로 생각하고 추억 속에 남아 있는 미련의 조각은 흐르는 강물에 흘려보내는 것이 현명하다.

방송에 나오는 헤어진 연인들의 애잔한 모습을 보면서, 지금 예쁜 만남을 하고 있는 연인들이 그 모습을 타산지석으로 삼아 어쩌면 현명하지 못한 선택의 결과물일 수도 있는 아픈 이별곡을 다시는 연주하지 않기를 바란다. 이별의 대가는 사람마다 차이가 있지만 생각보다 매우 혹독하기 때문이다. 새로운 악기를 연주하는 방법과 기술을 터득하듯이 이별 후에 누군가를 사랑하는 방법도 수확의 계절인 이 가을에 제대로 배워, 다시는 우리가 이별 리콜을 원치 않는 서로의 소중한 인연들이길 진심으로 소망한다.

인생은 파도타기

날마다 반복되는 일상이 누군가에게는 매일매일 똑같을 수 있고 어떤 사람에게는 어제와 다른 오늘, 오늘과 다른 내일이 연출되기도 한다. 각자의 주어진 일과 성향에 따라 그런 상황이 전개되겠지만, 하루하루가 새로운 변화의 연속이기를 원하는 사람은 똑같은 일상을 견디기가 어렵다. 하루 24시간은 누구에게나 똑같이 주어진 시간인데 그걸 요리하는 메뉴는 요리하는 각자마다 천차만별의 모습을 보인다.

누구는 수채화같이 깨끗하고 맑은 일상을 연출하고, 어떤 이는 유화같이 무겁고 조금은 어두운 하루하루를 채색한다. 그 이유는 각자마다 내재된 평소 생각의 크기와 색깔이 다르고 인생을 바라보는 관점이 다르기 때문이다. 하루하루 똑같은 스케줄대로 움직여도 어제와는 다르게 조금은 더 웃는 오늘, 오늘보다 조금은 더 행복한 내일을 연출하는 건 각자의 역량에 달려 있다. 누구에게나 똑같은 시간으로 주어진 24시간의 하루를 어떻게 요리하고, 어떤 색깔로 어떤 그림을 그릴 지는 우리 모두가 품고 있는 저마다의 생각에 달려 있다는 결론이다.

 누구는 양손에 떡을 쥐고 있어도 매사에 불만이고, 또 어떤 사람은 양손에 아무것도 갖고 있지 않지만 늘 감사하는 마음으로 즐겁게 살아간다. 과연 어떤 사람이 주위에 밝은 에너지를 주고 지인들의 사랑을 받을지는 자명하게 보인다. 인생은 내일을 전혀 예측할 수 없는 긴 항해의 여정이다. 누구나 미래의 불확실함에 대한 불안과 두려움이 있고, 주어진 현실에 대한 안타까움과 불만족이 있다. 그래서 오죽하면 '인생은 파도타기'라고 표현하지 않나! 오늘 행복하고 평안해도 내일은 바다 물살이 얼마나 높고 거셀지 아무도 예측할 수 없다.

 신은 알고 계실까? 우리 삶의 무대에서 내일은 어떤 색깔의 장면이 연출될지….
 사람마다 질병에 대한 면역력이 각각 다르기 때문에 삶의 고난에 대한 면역 지수도 분명히 사람마다 차이가 있을 것이다. 누군가는 작은 돌부리에도 넘어져 일어나기에 오랜 시간이 걸리는가 하면, 어떤 사람은 교통사고와 버금할 만한 큰 시련이 와도 빠른 복원력을 갖고 제자리를 찾는 사람이 있다. 개인적으로 그런 사람이 부러울 수도 있다. 대부분 사람들은 아픔과 시련에 대한 면역력과 회복력이 많이 더디기 때문이다.

"가난한 사람은 가진 것이 적은 사람이 아니라 더 많은 것을 탐내는 사람이다."라는 '린다 피콘'의 글귀 속에서 우리가 바라는 바람직한 삶에 대한 정답이 보이는 것 같다. 어차피 어떤 일이든 실패하거나 성공할 확률은 반반이다. 요즘 언론 매체를 통해 보도되는 다양한 뉴스를 접하면서 인생은 외줄타기이고 파도타기라는 생각이 더욱 실감난다.

그러나 아무리 인생이 파도타기라 할지라도 중심을 잘 잡고 우리의 신념대로 열심히 살다 보면 삶에 대한 불안감보다는 자신감이 생기면서 주어진 결과에 두려워하지 않는 용기까지 생길 것이다. 누구나 꿈꾸는 조화로운 삶은 굳건한 신념을 기반으로 할 때 우리 곁에 찾아온다.

닫혀 있는 행복의 문을 언제 어떤 방법으로 열 수 있을지는 우리의 평소 마음가짐에 달려 있다. "자신의 생각과 말과 행동이 조화롭게 일치될 때 그것이 바로 행복"이라는 어느 글귀가 깊이 마음속에 와닿는 요즘이다.

사랑의 실체

 많은 사람들이 사랑 때문에 울기도 하고 웃기도 한다. 그리고 누구나 사랑이라는 단어를 들으면 가슴 설레고 기분이 좋아지기도 한다. 돌이켜 보면 지난 시절 사랑의 감정으로 느꼈던 경험이 '과연 진정한 사랑이었을까?' 의구심이 들 때도 있을 것이다.

 사람마다 생각하는 사랑의 정의는 다르다. 상대는 사랑이라고 부르짖어도 받아들이는 사람이 사랑이 아니라고 단정할 수도 있고, 반대로 상대가 "이건 사랑이 아니야."라고 얘기해도 받아들이는 사람은 분명한 사랑이라고 판단할 수도 있다. 이렇듯 복잡한 함수로 엮인 사랑의 정체는 과연 무엇일까? 문득 사랑의 실체가 궁금해진다.

 당시에는 진정한 사랑이라고 믿었는데 시간이 지나고 생각하니, 가면을 쓴 가짜 사랑이었다고 결론을 내리는 사람도 주위에서 가끔 보게 된다. 나이가 들수록 책임감의 무게가 더해지기 때문에 진정한 사랑의 실체가 무엇인지 깊이 생각하게 된다. 시대의 변화와 여러 가지 상황에 따라 사랑의 민낯은 변할 수도 있지만, 사랑 깊숙이 내재된 진심은 변하면 절대로 안 될 것이다. 분명한 사실은 상대를 아끼고 배려하는 진심이 배제된 사랑은 이기적이기 때문이다.

  나의 이기심을 버리고 오롯이 상대의 감정에 충실하다 보면 인생의 한 페이지를 멋있게 장식할 진정한 사랑의 소유자가 될 수 있다. 어느 날 살포시 다가올 사랑이라는 손님의 방문을 기다리는 모든 사람들에게 "사랑 때문에 행복했노라"라는 감정을 예쁜 선물로 선사하고 싶다.

인생의 정년

사회생활을 하는 대부분 사람들은 직장에서 맞이하는 정년이 있다. 물론 직업의 종류에 따라 정년 나이도 다르고 정년에 따르는 퇴직금 등 부수적인 대우도 다르지만 몸을 담고 있는 조직에서 정해진 퇴직 나이가 되면 정년을 지켜야 하는 것은 분명한 사실이다. 정년이 되어 퇴직을 해야 할 때 느끼는 감정의 색깔은 사람마다 다를 것이다. 어떤 사람은 퇴직을 시원섭섭하다는 한마디로 쿨하게 받아들이기도 하고, 또 어떤 사람은 자신이 폐기물이 된 것처럼 생각하여 우울해하면서 무척 힘든 시간을 보내는 경우도 주위에서 보게 된다.

100세까지 사는 장수 시대에 대비해 정년이 지금보다 연장되는 것을 당연한 수순으로 생각하는 의견이 많은지 아니면 젊은이의 사회 진출을 저해하는 요인으로 부정적인 판단을 하는 사람이 많은지는 구체적으로 조사한 통계는 없지만, 연령대별로 분명히 의견의 차이가 있을 것이다. 그런데 어느 조사 결과를 보면 60대

이후 퇴직자들이 퇴직 이후 다시 일자리를 찾고 있으며 더 나이가 들어서도 일하기를 원하고 있다고 한다. 어르신들이 직업을 계속 갖고자 하는 이유는 경제적인 문제일 수도 있고, 또는 못다 이룬 자아실현 때문일 수도 있다. 상황이야 각자 다르겠지만 분명한 것은 퇴직 이후에 많은 사람들이 정년을 받아들이기 어려워하고, 아직 활기차게 일을 더 하고 싶다는 욕구가 강하다는 것이다. 나이는 숫자에 불과하다며 자신의 역량을 더욱 펼칠 수 있기를 대부분 퇴직자들은 원하지만, 사회 구조적인 면에서의 현실적 여건은 그리 녹록지 않다.

그런데 사회적으로 성공한 사람들의 예를 보면 오히려 나이가 들어서 은퇴할 시기의 사람들이 꽤 존재한다는 것이다. 한 분야에서 인정받는 위치까지 도달하기까지는 오랜 시간이 걸리고 어느덧 전문가가 되어 있을 때는 은퇴할 시간이 됐다는 것이 아쉬움과 안타까움으로 다가올 수는 있다. 그러나 직장에서 정년이 되어 은퇴를 하게 되어도 삶에 대한 의욕과 열정을 버리지 않고 열심히 사노라면 분명히 제2의 멋진 인생이 펼쳐지게 될 것이다. 90세가 넘어서 베스트셀러 작가가 된 일

본의 어느 할머니가 있고, 미국의 유명한 화가인 '모제스'는 70세 이후 그림을 그리기 시작해 100세 무렵까지 왕성한 작품 활동을 하였다. 인생의 남은 시간까지 얼마나 멋지게 사는가는 우리 노력 여하에 달려 있는 것이다. 퇴직 이후의 시간을 어떻게 관리하느냐에 따라 삶을 마칠 때까지 남은 시간은 지루함이 동반된 공포의 시간이 될 수도 있고, 매우 재미있고 유익한 시간으로 풍요로운 결실의 시간이 될 수도 있다.

퇴직 후 맞이한 인생 후반전에 동창회에 나가 보면 "뛰어난 수재도 엄청난 미인도 다 비슷비슷해져 있다."라는 말처럼 모두가 서로 차이가 없는 비슷한 보통 사람이 되어 가는 인생 2막의 시기에 좀 더 보람찬 시간을 보내도록 노력하는 자세가 필요하다. 남을 위해 봉사하는 시간도 갖고, 원하는 취미 활동도 열심히 하면서 늘 세상과 연결되어 있도록 두 귀를 쫑긋 세우고 살아간다면 은퇴라는 인생 막바지의 착지점은 같을 수 있으나 수확한 보람이라는 열매의 당도는 각자마다 다를 것이다.

"직장에는 인생의 정년이 있지만 인생엔 정년이 없다. 흥미와 책임감을 지니고 활동하고 있는 한 그는 아직 현역이다. 인생에 정년이 있다면 탐구하고 창조하는 노력이 멈추는 바로 그때이다. 100세 시대에 인생의 정년은 스스로 만드는 것이다. 창조적 정신과 노력이 멈추는 날까지는 언제나 현역으로 사는 당신이 되어라. 인생에는 정년이 없다고 믿고 행하라."라는 '법정' 스님의 고귀한 말씀을 보다 의미 있는 인생의 2막을 위해서 깊이 생각해 보는 소중한 시간을 가져 보도록 하자.

11월에 쓰는 편지

11월은 늦가을과 겨울의 경계선에 있는 달로 늦가을의 정취가 물씬 풍기지만 한편으로는 다가오는 겨울과 조우할 시간이기도 하다. 그리고 한 해가 이별의 손짓을 하며 떠나려 하기에 아쉬움이 차곡차곡 쌓이는 달이기도 하다. 왠지 새로운 만남보다는 이별이 어울리는 달인 것 같고, 어수선한 상념의 보따리를 다 풀어 버려야 할 시간처럼 느껴진다.

11월에 우리는 누군가에게 편지를 쓰고 싶어진다. 가을과 겨울의 간이역에 앉아서 그리운 사람에게 편지를 써야 할 것 같은 삶의 조바심을 갖게 해 주는 이 계절에 누군가에게 편지를 쓴다.

하늘나라에 계신 어머니께 편지를 쓰고, 사랑하는 아들과 딸에게 편지를 쓴다. 어머니께는 그리움의 편지, 아들과 딸에겐 사랑이 가득 담긴 행복을 비는 소망의 편지, 나에겐 남은 삶의 완성을 위한 절실한 기도의 글을…. 가을의 끝자락인 11월에 누군가에게 편지를 써본다. 삶의 흔적이 담긴 진심의 목소리를 수신인 없는 누군가에게 보낸다. "살아온 그동안의 시간들에 최선을 다했고 그 누구보다 의미 있는 삶이 되고자 혼신의 힘을 다했노라."라고 말하고 싶다. 훗날 가족이든 친구든 그 누군가가 나를 그리움의 앨범 속에서 꺼내 볼 수 있기를 고대하면서….

대화 뷔페

현대인은 대화에 목마르다. 사람보다는 핸드폰이나 컴퓨터를 통한 디지털 소통이 다반사여서 더욱 그런 것 같다. 대화 매개체가 기기이다 보니까 사람 마음은 더욱 메말라 가고 피폐해진다. 사람 온기가 그립고 따뜻한 말 한마디가 간절한데 세상이 여의치 않다. 한참 재잘거려야 할 유아나 어린이도 부모와 대화의 부족으로 반응성 애착 장애를 겪고 있는 경우가 종종 있다고 하니 살아가는 데 대화의 중요성이 너무나도 크다고 할 수 있다.

밝고 건강하게 성장해야 할 어린이가 혼자 지내기보다는 가족이나 친구들과 대화를 많이 나누며 지내는 것이 사회성의 발달에 도움이 된다는 사실은 지극히 당연하다. 마찬가지로 나이 든 어르신도 가족이나 지인과 대화를 많이 나누며 시간을 보내는 것이 인지 능력과 기억력 향상에 좋고, 치매 예방에도 도움이 된다.

사람들과 잘 어울리고 많이 웃고, 말을 많이 하는 사람이 우울증도 덜 걸리고 치매 발생률도 낮다는 어느 전문가의 조사 결과만 보아도 우리는 살면서 대화가 얼마나 중요한지를 익히 인식하고 있다. 인간은 대화를 통해 서로 어울리면서 살아가야 하는 사회적 동물이기에 대화의 부족으로 발생하는 폐해는 생각하지 못한 사회 부적응으로 나타난다.

 사회 구성원들의 고립감과 사회 부적응은 나아가 건강한 사회가 아닌 병든 사회를 탄생시킬 수도 있다. 그런 의미에서 디지털 시대에 살고 있는 우리는 예전보다 더욱 서로 대화하는 습관을 갖도록 노력해야 할 것이다. 가족끼리도 서로 경청하는 자세로 아날로그 소통의 대화 횟수를 늘리고, 이웃 간에도 만나면 피하기보다는 반갑게 대화하는 자세를 가지면 좋겠는데 서로 입을 닫기 일쑤이다.

 '침묵은 금'이라는 말이 있지만 상황에 따라 독이 될 수도 있는 것 같다. 요양원에서 외로움으로 생긴 우울증을 치료하고 계신 어르신에게 따뜻한 대화는 약보다 효과가 큰 치료제가 될 수 있다. 스스로 목숨을 끊으려는 삶을 포기한 사람에게도 온기의 진심 어린 말 한마디로 위기의 순간을 넘긴 경우를 우리는 뉴스를 통해 접했다. 그만큼 인간적으로 공감하며 나누는 따뜻한 대화는 아픈 마음을 달래는 매우 효과 있는 치료제 이상의 역할을 하는 것 같다. 현대를 살아가는 사람들은 저마다의 견고한 집에 갇혀 외로움에 익숙한 것처럼 보이지만, 주변에 대화를 나눌 사람이 없어 인공 지능과 대화를 시도하는 누군가를 방송에서 만나면서 인간은 더불어 살아야 하는 존재라는 사실을 절감한다.

다양한 종류의 맛있는 음식을 먹으러 뷔페 음식점을 방문하듯 서로서로 관심 있는 대화를 즐겁게 나눌 수 있는 대화 뷔페에 참석해 보는 것은 어떨까? 다양하고 많은 음식을 배불리 먹듯 대화가 고프고 따뜻한 정이 그리운 사람들이 서로 어루만지고 공감할 수 있는 대화 뷔페의 시간을 가져 보면 우리는 더욱 건강한 모습으로 거듭날 것이다.

건강한 대화를 통해서 서로를 이해하고 배려하는 좋

은 인간관계를 맺게 되고 나아가 동고동락의 소중한 인연이 생기게 되는 것이다. 오늘도 우리는 많은 대화를 나눌 기회를 귀찮고 피곤하다는 이유로 피하는 것은 아닌지 잠시 반성하면서, 곧바로 대화의 정원으로 나아가 따뜻한 말 한마디로 누군가에게 행복의 시간을 제공해 보자. 그러면 우리는 더 큰 기쁨을 누리는 최고의 선물을 받게 될 것이다.

대화가 고픈 누군가를 구원해 줄 수도 있는 작은 대화의 가치는 큰 의미가 되어 보석처럼 찾아온다. 프랑스 작가 '아나톨 프랑스'의 "이 세상의 참다운 행복은 남에게서 받는 것이 아니라 내가 남에게 주는 것이다. 그것이 물질적인 것이든 정신적인 것이든 인간에게 있어서 가장 아름다운 행동이기 때문이다."라는 글귀가 유난히 가슴에 와닿는 가을 어느 날 오후이다.

The Church in Auvers-sur-Oise, View from the Chevet
- Vincent van Gogh

4
겨울의 장

그럼에도 불구하고

"나는 네가 어떤 사람이든 그냥 좋아. 이유 불문하고 그냥 좋아." 우리는 누군가를 좋아하게 될 때, 특별한 이유를 대지 않아도 그냥 그 사람에 끌리게 되는 경우가 있다. '~ 때문'이 아니라 '그럼에도 불구하고' 좋아하게 되는 것이다. 예쁘기 때문에, 부자이기 때문에, 능력자이기 때문에 좋아하는 것이 아니라 예쁘지 않음에도 불구하고, 가난함에도 불구하고, 능력이 부족함에도 불구하고 좋아하는 감정이야말로 순수하고 진실한 감정이라고 판단할 수 있다. '~ 때문'에 좋아하게 되면 그 이유가 사라질 때 좋은 감정은 당연히 줄어들 확률이 높기에 순수한 감정의 크기가 '그럼에도 불구하고'보다는 작을 것으로 추정된다.

인간관계에서 서로의 이익과 손해를 전혀 계산하지 않은 정말로 순수한 인간 대 인간으로서의 관계가 작금의 사회생활에서 존재하는지 확신할 수 없지만, 분명한 것은 누구나 진실성이 결여된 타산적인 관계를 원하지는 않는다는 것이다. 이해관계가 배제되어야 할 혈연관계에서도 순수함이 결여된 힘의 논리가 작용하는 경우도 종종 발생하기에 우리의 단점과 부족함을 무조건 이해하고 보듬어 주는 '그럼에도 불구하고'의 관계를 바라는 것은 너무 세상사를 모르는 것일 수도 있겠다. 그러나 막연하나마 필자는 그런 세상에 사는 꿈을 꾸어 본다.

중환자실에 계신 아버지를 면회하면서 만난 생명줄을 놓지 않고 사투를 벌이는 적지 않은 환우들을 보면서, 새삼 전율과도 같은 삶의 소중함을 느껴 본다. 삶의 동아줄을 움켜쥐고 있는 그들 앞에서 건강한 우리가 겪고 있는 고민의 정체는 어쩌면 "욕심이 본질이 아닐까?"라는 의구심이 들었다. 살면서 정말로 소중한 것이 무엇인지는 사람마다 다르겠지만 누구나 원하는 미래의 종착역은 고통 없이 떠나는 편안한 여정일 것이다. 어쩌면 살면서 맞이하는 모든 고민과 불행은 소유하려는 욕심에서 출발하는 것일지도 모른다. 소유로부터 자유로워질 때 우리는 지금보다는 조금 더 행복해질 것이다. 중환자실의 방문은 '우리는 한낱 미약한 존재'임을 깨달으면서 동시에 삶의 경건함을 몸소 절실하게 느껴 보는 매우 귀중한 시간이었다.

요즘 경제적인 상황이 좋지 않다 보니 괜히 짜증을 내고 찌푸리고 인상을 쓰는 사람이 많아졌다. 물론 힘들고 팍팍한 생활이 그들을 여유 없게 만든 이유도 있지만, 표정 없는 무뚝뚝한 모습이 평소 익숙한 사람도 많은 것 같다. 최근 택시를 타고 목적지에 가는 중, 기사님이 길을 돌아서 가는 바람에 요금이 예상보다 많이 나왔던 적이 있었다.

그런데 오히려 기사님은 직진해서 가는 것이 빠르다는 나의 의견에 화를 내며 험악한 표정을 지었다. 나는 기사님의 행동이 당혹스럽고 어이없었지만 조용히 내렸다. 택시에서 내린 후 기분이 매우 언짢았는데 잠시 후 콜택시 직원이 나에게 전화를 걸어서 기사님의 사과를 전했다. "몸이 아파서 괜히 손님에게 짜증을 냈는데 매우 미안해한다."라는 말을 들으면서 기사님의 비상식적인 행동이 이해되지는 않았지만 "요즘 사람들이 많이 힘들구나."라는 생각에 기분이 묘했다.

상황이 여의치 않다 보니 그럼에도 불구하고 웃을 수 있는 여유의 모습을 보여 주는 우리가 된다는 것은 매우 어려울 것이다. 살면서 역경이 닥쳤을 때 그 상황을 받아들이는 태도는 사람마다 각기 다르다. 부정적인 마음가짐은 영혼의 질병으로 건강을 훼손하고 상황을 더욱 악화시킬 수도 있다.

그럼에도 불구하고 한눈팔지 않고 묵묵히 자신에게 주어진 길을 가다 보면 반드시 축복의 선물을 받게 될 것이라 믿는다. "그날그날이 너에게 최후의 날이라고 생각해라. 그렇게 하면 뜻하지 않은 오늘을 얻어 기쁨을 갖게 될 것이다."라는 그리스 시인 '호라티우스'의 말이 각인되는 순간이다.

행복 보톡스

나이가 들면 자연스레 눈가나 입 주위에 주름이 생기고 피부도 탄력을 잃으면서 처지게 된다. 나이가 더 해지면서 예전보다 변해 가는 외모가 보기 싫어지면, 의학적 힘을 빌려 보톡스 시술로 잠시나마 젊음의 순간을 선택하는 사람도 종종 있다. 시술로 생긴 외모의 변화는 자신감을 불어넣어 삶의 활기찬 모습을 갖도록 만들어 주기도 하는 것 같다. 단시간에 주름을 펴서 주름 없는 매끈한 얼굴로 변화시켜 주는 의학적 기술에 놀랄 뿐이다.

이렇듯 눈에 보이는 주름살은 의학의 힘으로 주름을 펼 수 있지만 살면서 마음에 생긴 주름살은 어떻게 펼 수 있을까? 눈에 보이지 않으니 우리의 마음속에 얼마나 많은 주름살이 자리 잡고 있는지 도저히 알 수 없다. 분명한 사실은 겉에 드러난 주름살은 의학의 힘을 빌릴 수 있지만 마음의 주름살은 의학적인 기술보다는 각자의 꾸준한 노력과 삶을 대하는 긍정적인 자세를 필요로 한다는 사실이다. 삶을 대하는 밝은 에너지, 매사에 감사하는 마음, 종교 활동, 적당한 만족감, 친구와의 참된 우정, 가족애로 생긴 끈끈한 사랑의 감정 등 긍정적인 사고는 정신적으로 잔잔한 행복감이 밀려들게 되고 그렇게 되면 마음에 굵게 패어 있는 주름살은 점점 매끈해지고 엷어지게 될 것이다.

우리가 가슴에 품고 있는 꿈이나 소망, 사랑, 그리움, 봉사 등의 따뜻한 감정을 계속 펌프질하게 되면 마음의 주름살은 행복의 보톡스를 맞은 것 같은 큰 효과를 보이게 된다. 불만과 절망, 억울함과 분노, 비정함과 차가운 이기심 등의 부정적인 단어는 얼굴뿐만 아니라 우리 마음을 굵은 주름살로 가득 차게 만든다. 남에게 보이는 외모의 굵은 주름살이 매끈하게 없어져 젊어 보이는 것도 중요하지만 살면서 여러 가지 스트레스로 생긴 마음의 주름살을 없애는 것은 더욱 중요하다고 생각된다.

필자가 제일 좋아하는 단어이면서 모든 사람이 추구하는 행복이라는 두 글자! 인간의 공통된 삶의 목표인 행복이라는 보물을 찾기 위해 우리는 매일매일 고군분투하고 있는데, 단 한 번의 행복 보톡스를 맞고 우리 모두가 행복의 화원 속에서 살 수 있게 된다면 얼마나 좋을까? 어느덧 시간의 기차는 빠른 속도로 운행하여 겨울의 한복판인 12월에 정차해 있다. 열심히 살아온 흔적의 훈장일 수도 있는 얼굴의 주름살과 고난의 흔적일 수 있는 마음의 주름살을 행복의 보톡스로 빵빵하게 만들어 보면 좋겠다는 조금은 엉뚱한 생각을 해 본다.

사람은 저마다 주어진 가야 할 길이 있듯 원하는 행복의 유형도 각자마다 다를 수 있다. 누가 대신 갈 수도 없는 인생길처럼 누가 대신 느낄 수도 없는 행복이라는 향기의 만족도는 각기 다르다. 그러므로 우리 마음속에 자리 잡고 있는 주름살의 크기와 파인 개수는 각각 살아온 삶의 모양과 색깔에 따라 사람마다 차이가 있을 것이다.

한 해가 저무는 연말을 맞이하여 차 한잔을 마시면서 주변 사람들을 차분하게 생각하는 시간을 가져 본다. 가족과 친지, 친구와 지인들, 나아가 사회 구성원 모두가 원하는 고지에 행복의 깃발을 꽂을 수 있기를 간절히 바란다. 개인적인 소망으로 친정아버지가 건강하시면 좋겠고, 내 가족이 편안한 내일을 보낼 수 있기를 바라고, 힘든 시간을 보내는 친구가 빨리 회복되면 좋겠고, 병원 옆자리에서 잠깐 만난 남편 사별로 힘든 시간을 보내는 이웃 어머니도 행복하면 좋겠다. 그동안 쌓인 찌든 마음을 깨끗이 닦아 내고, 잘못된 것은 반성하면서 희망찬 새해를 두 손 벌려 맞이해야 할 시간이다. 행복의 고지를 향해 소통의 묘약인 이해와 사랑을 한없이 베푸는 연말이기를 기대해 본다. 아울러 사랑을 채우고 나누는 참행복이 가득한 새해를 감히 꿈꿔 본다.

긍정적인 징크스

징크스란 사전적인 의미로 불길한 일, 사람의 힘이 미치지 못하는 운명적인 일을 일컫는 말로 어떤 사물이나 현상 또는 사람과 연관 지어 불길한 예감을 먼저 가지는 심리 현상을 의미하는 단어이다. 징크스는 조심하고 하지 말아야 할 행동으로, 주로 부정적인 의미로 사용된다. 징크스의 반대말은 루틴으로 좋은 결과를 위해 해야만 하는 행동을 의미하며 긍정적인 징크스라고도 불린다. 루틴과 징크스의 공통점은 모두 경쟁에서의 승리와 노력에 대한 좋은 결과를 간절히 바란다는 것이다.

우리 인생에서도 징크스가 항상 존재하는 것을 느끼며 살고 있다. 경기를 앞둔 운동선수나 영화의 개봉을 앞둔 영화배우, 콘서트의 성공을 바라는 가수가 아니더라도 일반인 우리도 그날그날 순조로운 하루를 보내길 바라며 징크스를 피하려 조심한다. 예를 들어 어떤 옷을 입거나 액세서리를 걸치면 하루가 즐겁고 순조롭게 지내는 날이 있고, 반대로 왠지 주저하게 되고 꺼려지는 차림새가 있다. 개인적으로 필자는 작고하신 엄마가 애용하던 시계를 착용하고 외출하면 작은 행운이 생기고 소소한 기쁨을 느끼는 경우가 있다. 아마도 어머니가 하늘나라에서 막내딸을 굳건히 지켜 주고 계신다는 강한 나의 믿음 때문인지도 모른다.

이렇듯 징크스를 의식하는 것은 뭔가에 의지하고 싶은 인간으로서 조금은 나약한 마음의 출발이고 그렇게 해서라도 좋은 에너지를 얻어 원하는 것을 이루고 싶은 간절함일 수도 있다. 시험을 앞둔 학생이 자신이 좋아하는 빨강 속옷을 입거나, 평소 사용하던 익숙한 펜에 집착하는 것도 긍정적인 징크스를 위한 작은 몸짓이듯 우리는 매사 조심하며 일정한 루틴의 범주에서 호흡하며 살려고 노력한다. 결국은 이 모든 행동이 실패보다는 성공을, 불행보다는 행복을 구하려는 작은 몸부림인 것을 인지하는 순간 우리는 인생에서 인내심이 더욱 필요함을 절감하게 된다.

삶의 여정에서 다가오는 내일 어떤 일이 발생할지 그 누구도 예측할 수 없기에 우리는 오늘의 소중함을 절실히 인식하며 살아야 한다. 미래에 일어날 일을 미리 내다볼 수 있다면, 오늘과 더욱 소중하게 대면할 수 있을 텐데 그러지 못하는 인간의 한계에 절실한 아쉬움이 밀려온다. 내일 어머니가 하늘나라로 떠날 것을 미리 인지할 수 있었다면 지금보다는 후회가 덜한 소중한 이별식을 치를 수 있었고, 내일 일어날 사고를 미리 예견할 수 있었다면 발생할 참사를 좀 더 적극적으로 예방할 수도 있었을 텐데 안타깝고 또 안타깝다.

이태원 핼러윈 행사가 비극으로 변할 줄 그 누구도 몰랐겠지만, 국민을 지키고 보호해야 할 사람들이 안전에 좀 더 치밀하게 준비하고 조심하는 자세를 가졌더라면 이런 불행한 시간이 되풀이되지는 않았을 텐데 애석하고 억울한 마음이 밀려오면서 마음 한구석이 저려 온다.

"인생의 가장 중요한 법칙은 참을 줄 아는 것이고, 지혜의 절반은 인내에 있다."라는 '에픽테토스'의 말처럼 모든 일에 최선을 다한 후 자제력을 가지고 기다리면 어느 순간 성공의 진입로에 우뚝 서 있는 자신을 보게 될 것이다. 그러면 마음의 평화는 저절로 찾아오게 되고 최선의 노력을 다하면 행운을 우리 것으로 만들 수 있다는 믿음과 자신감도 생기게 된다.

 어쩌면 인생은 보이지 않는 루틴의 연결 고리 속에서 살고 있는 것일지도 모른다. 지금 이순간도 우리는 루틴을 준수하며 기도하는 마음으로 최선을 다하며 살고 있다. 살얼음 위를 걷듯 조심스레 살고 있는 우리에게 감당키 어려운 슬픔이 더 이상 찾아오지 않기를 간절히 소망한다. 지금이야말로 삼가야 할 것과 피해야 할 것 등을 걸러낼 줄 아는 지혜가 그 어느 때보다 더욱 필요한 시점이다.

나의 수호신은 바로 나

〈내 가슴에 비가 내리네〉라는 '폴 베를렌'의 시 제목이 기억난다. 가슴에 비가 내린다는 것은 어떤 색의 감정일까? 아프기만 한 감정일지, 몸소 절감되지는 않았었다. 이제 나이가 들고 여러 가지 수많은 감정을 겪으면서 조금은 알 것 같다. 가슴이 아프다거나 비가 내린다는 감정의 깊이를….

그러나 살면서 우리는 감정을 느끼는 대로 솔직하게 살 수는 없다. 삭이고, 때로는 숨기고 표현하지 않으면서 살아야 하는 경우도 있다. 사회생활을 통한 사람들과의 만남이 모두 솔직하고 진실한 관계일 수는 없다. 때로는 편하게 살기 위해서 솔직한 자기감정을 드러내지 않는 포커페이스의 얼굴로 살아가고 있는 사람들도 주위에 많다는 것을 우리는 알고 있다.

무대 위 공연할 연극을 위해서 연극배우가 분장을 하듯, 매일매일 본연의 자기 모습과 다른 얼굴로 일상을 보내는 자의 뒷모습은 왠지 측은하고 쓸쓸하게 느겨진다. 과연 왜 그렇게 자기감정을 감추고 때로는 속이고 살아야 하는 걸까? 그건 자신을 지키기 위한 방어 본능으로 생각된다. 타인으로부터 상처를 덜 받고 자신을 보호하기 위한 생존 전략일 수도 있다. 지금 행복하지 않아도 행복한 척도 해 보고, 고민이 있어도 전혀 어려운 일 없는 듯 편안한 얼굴로 사람들과 대면한다. 자신의 나약함을 보이면 큰 손해라도 보듯 우리 모두는 위장술에 능하다. 그러나 그런 사람들의 내면은 속이 곪아 터져 가고 있는지도 모른다. 어쩌면 그런 모습이 자존심을 지킬 수 있을 것으로 생각하는지 모르지만 그건 절대로 건강하고 현명한 태도는 아닌 것 같다.

　진정한 자존심은 모든 문제들과 숨김없이 당당하게 대면하여 그 고비를 극복할 때 얻어지는 것이다. 실체를 가린다고 해서 없어지는 것도 아니고 생산적인 결과를 낳는 것도 아니다. 나를 키우는 건 나 자신으로 어떤 인간이 될지는 우리 스스로 결정해야 한다. 주어진 문제에 당당하게 마주하면 문제를 해결할 수 있는 지혜가 생긴다.

우리가 추구하는 이상과 목표가 현실과 맞닿으면 매우 좋겠지만 갭이 벌어지는 경우도 다반사다. 아니 어쩌면 목표에 도달하는 이상적인 순간은 오지 않을지도 모른다. 주어진 현재에 만족하며 안정과 평온함을 느끼며 사는 것도 때로는 목표를 향해 도전하는 자세보다 더 중요할 수 있다.

성공하려는 의지도 중요하지만 무언가를 이루어 내려는 성취감이 더욱 중요하게 생각된다. 성공이 남에게 보이는 얼굴이라면 성취감은 스스로 쌓아 가는 자신이 평가하는 얼굴이다. 물론 성취감이 쌓여 목표점인 성공의 탑이 세워지는 것이지만, 남이 인정하는 성공과 달리 성취감은 우리 스스로를 만족감과 나아가 행복감으로 이끌어 준다. 누군가 평가해 준 성공의 열매가 무척 입에 달고 좋지만, 하나하나 짜여 가는 직물의 씨실과 날실처럼 우리 내면을 파고드는 성취감의 당도도 매우 높다.

"작은 실천은 원대한 계획보다 더 낫다."라는 말을 명심하면서 스스로 작은 것부터 노력해 실천하여 성취감을 얻고, 나아가 성공을 원하는 자는 더 많은 새로운 도전을 두려워하지 말고 각고의 노력을 다해 보자. 그렇게 인고의 시간이 지나면 멀지 않은 곳에 우뚝 서 있는 성공의 문이 활짝 열릴 것이고, 반드시 행운의 여신이 웃는 얼굴로 우리를 반갑게 기다리고 있을 것이다.

희망의 두레박

 오늘은 어제와는 다른 색깔의 일상이 펼쳐지기를 바란다. 또한 새해에는 새로운 희망의 씨앗이 싹을 틔우길 간절히 고대한다. 아울러 행복이라는 이름으로 날아온 누군가의 편지 한 장을 모두가 받아 볼 수 있기를 진심으로 두 손 모아 기도한다. 어제에 이어 오늘도 우리는 희망의 회신을 절실한 마음으로 기다리고 또 기다릴 것이다. 기다림의 연속이 우리네 인생이기에 살아 있는 동안 무언가를 향한 우리의 기다림은 계속될 것이고, 생의 불빛이 점점 희미해질 때까지 간절한 기도 후에 찾아온 진심이 담긴 회신을 고개 숙여 맞이하게 될 것이다.

 2024년 갑진년에도 인생의 항해는 계속된다. 어디를 향해 가고 있는지 때로는 목적지를 제대로 알 수는 없으나 흐르는 물결 위에서 힘찬 항해를 하는 돛단배에 우리는 몸을 기대고 사고가 없는 순항을 소망한다. 새해에는 추운 거리에서 알바로 전단지를 돌리는 할머니의 거칠고 차가운 손이 좀 더 따뜻해지면 좋겠고, 리어카에 재활용 박스를 가득 싣고 힘겹게 걸어가는 할아버지의 굽은 등이 활짝 펴지면 좋겠다. 또한 병마와 싸우고 있는 모든 환우가 회복의 서신을 받을 수 있으면 좋겠다.

새해 초부터 필자의 부주의로 인한 핸드폰 분실의 위기를 택배 기사 아저씨의 선행으로 간신히 넘기면서 작은 행운의 소유자가 되는 반짝이는 기쁨을 잠시 누렸다. 살면서 발생하는 소소한 일상이 제법 큰 의미로 다가오는 이유는 점점 우리가 나이가 더해짐을 인식하게 되는 안타까운 징조일지도 모르겠다. 예전에는 새해가 다가와도 무덤덤했는데 이제는 흐르는 시간의 가속도에 가슴이 철렁해지기도 한다. 그러나 분명한 것은 예전에 잘 알지 못했던 소중함의 정체를 지금은 선명하게 느낀다는 사실이다.

열매를 맺지 못하는 씨앗은 죽은 씨앗이고 열매를 맺지 못하는 나무는 죽은 나무이다. 우리의 삶도 쭉정이로 버려지는 삶이 아닌 풍성한 열매를 맺는 삶이길 모두가 바랄 것이다. 그러기 위해선 어떤 경우에도 절대로 희망의 줄을 놓아서는 안 된다. 요즘 뉴스를 통해 삶의 끈을 끊어 버릴 수밖에 없는 적지 않은 사람들의 안타까운 소식을 접하면서, 희망이 고갈되고 찾아오는 절망감의 무게로 인한 위압감을 감히 짐작하게 된다. 그들에게 한 톨의 희망이라도 존재했다면 그런 슬픈 일이 발생하지는 않았을 텐데, 우리 모두가 서로서로에게 희망을 전달하는 사람이 되도록 노력한다면 이 사회는 그런대로 살 만한 가치가 있을 것으로 생각된다.

요즘의 혼란스럽고 어수선한 사회적 환경 속에서 과연 우리가 추구하는 정의와 공정은 제대로 작동되는지 점검해야 할 시간인 것 같다. 우리가 살고 있는 이 세상이 서로가 다르다는 이유로 극으로 치닫기보다는 다 같이 어우러져 공존할 수 있다면 얼마나 좋을까! 올해는 배고픈 사람, 억울한 사람, 상처가 많은 사람, 추위에 떨고 있는 사람들이 점점 줄어들고 그들의 얼굴에 웃음의 함박꽃이 만개하면 좋겠다. 지금 살고 있는 이 세상이 우리가 원하는 파라다이스는 아닐지라도 희망의 두레박을 힘차게 퍼 올리다 보면 충분히 살 만한 가치가 있는 세상이 될 것으로 믿고 싶다.

 매일매일 정성을 다하는 마음으로 맞이하고, 시간을 알차게 관리하여 원하는 목표를 이룰 수 있는 희망 가득한 새해이기를 진심으로 바란다. "긍정적인 마음가짐은 영혼을 살찌우는 보약"이라는 '나폴레온 힐'의 표현처럼 밝고 긍정적인 마인드로 생활하는 건강한 갑진년이 되길 소망하면서 오늘도 다 같이 전력을 다해 희망의 두레박을 힘차게 끌어 올리자.

전화위복의 미소

 살면서 지금 당장은 화를 입은 것 같은데 훗날 돌이켜 보면 다행으로 여겨질 때가 있다. 지금도 행복하고 내일도 행복하면 너무너무 좋겠지만, 호락호락하지 않은 인생이 항상 꽃동산이고 꽃길이지 않다. 모든 사람들은 오늘이 힘든 시간이어도 내일은 반드시 나아질 거라는 희망으로 일어서고 또 일어선다.

 당장 쓰러질 것 같은 위기감이 몰려와도 그걸 딛고 일어서는 저마다의 내공과 저력을 갖고 있다. 실패는 성공의 또 다른 얼굴이다. 실패를 해 보지 않고 성공의 문을 두드릴 수 없다. 실패를 경험하지 않은 성공은 얇은 유리잔처럼 곧 깨질 것 같아 조심스럽고 조마조마하다. 그만큼 성공은 실패를 여러 번 경험한 후 쌓인 내공의 결과물이어야 더욱 견고하고 탄탄하다.

 맑은 공기를 마실 수 있는 행운은 탁한 공기를 마셔 본 후 느끼는 소중함을 알게 된 후에 찾아온다. 건강을 잃어 본 후 매사 조심하게 되는 건강 염려증이 생겨 장수의 성곽에 입문하는 사람들을 주변에서 많이 보았다. 한 예로 작년에 전혀 예상치 못한 큰 수술을 하게 된 친정 언니가 죽음의 문턱까지 가는 위험한 순간이 있었다. 무사히 수술을 마친 후 언니는 삶의 겸허함과 소중함을 깊이 알게 되었고 살아 있음에 한없는 감사함을 느낀다고 말했다. 지금은 오히려 건강을 너무나도 잘 챙기니까 예전보다 훨씬 편안한 모습으로 건강해졌다.

더 큰 것을 잃기 전에 찾아온 작은 경고의 방문은 그래서 어떤 측면에서 매우 중요하다고 할 수 있다. 물론 작은 경고나 시련 없이 꽃길만 걷게 되는 선택받은 사람도 있을 수 있다. 그러나 인생은 생을 마감하는 그 순간 끝까지 가 봐야 알 수 있는 것이다. 지금 보이는 것만으로 쉽게 단정하고 평가할 수는 없다. 우리의 삶은 한 편의 드라마처럼 변화무쌍하기에 오늘 행복해도 내일 슬픔의 먹구름이 밀려올지 아무도 모른다. 그래서 인생은 항상 긴장의 연속이다.

세상에는 우리의 의지와 노력만으로 이룰 수 없는

일도 있다. "행운은 쉽게 얻을 수 있지만 순식간에 없어질 수도 있다."라는 어느 책 구절이 생각난다. 살면서 우리에게 유리한 일이 생길 수도 있고 또는 원하지 않는 불리한 일을 간간이 만날 때도 있지만 불리한 일이 닥쳤을 때 당황하지 않고 담담하게 대처하는 능력이야말로 그동안 쌓아 온 내공의 결과물이다. 불리한 일조차 유리하게 바꿀 수 있는 저력을 가져야 마지막에 인생이라는 힘든 게임에서 웃을 수 있는 승자가 된다.

실패와 성공의 일부분은 각자의 운명에 달려 있을 수도 있지만 서바이벌 게임에서 살아남기 위해 오늘도 고군분투하는 모두에게 지금 이 순간 파이팅을 외치고 싶다. 아울러 숲을 보지 않고 나무만 보는 어리석은 형국을 만들지 않고 문제의 본질을 깊이 파악할 줄 아는 현명한 새해가 되도록 우리 모두 노력해 보자.

감당하기 어려운 힘든 일과 기쁜 소식이 공존했던 금년과도 헤어질 시간이 점점 다가오고 있다. 지금의 고통과 상처가 모두 전화위복으로 합리화되어 포장될 수는 없겠지만 적어도 그 뜻이 무엇인지는 알게 되는 순간이 반드시 올 것이다. 때로는 인간이 할 수 있는 것은 없고 신의 섭리에 따라야만 하는 때도 있는 것 같다. 금년에 우리를 지치고 힘들게 한 아픔들은 희망찬 새해에 전화위복의 미소를 띠며 좀 더 여유로운 모습으로 다가올 것으로 믿는다. 이런 나의 생각은 확신이 아니라 어쩌면 간절한 바람일지도 모른다. 이제 슬픔과 고통은 떠나는 2024년 기차에 태워 보내고 희망과 행복의 기차로 환승할 시간이다.

"인생을 아름답게 만들기 위해서 가장 중요한 것은 마지막을 승리로 장식하는 것이다."

참 좋은 사람

　다양한 사람과 조우하는 긴 인생의 여정에서 당신의 기억 속에 '참 좋은 사람'이 제법 많이 존재한다고 생각되는가? 만약 그런 사람이 존재한다면 당신은 행운아라고 생각된다. 살면서 '참 좋은 사람'이라고 생각되는 사람을 만나는 것이 결코 쉽지는 않기 때문이다. 오히려 우리는 그 반대되는 사람을 종종 많이 만나게 되는 것 같다고 생각하는 사람이 많을 것이다.

　누구 때문에 손해를 봤고, 누구 때문에 큰 상처를 입었고 등등 고마운 사람보다는 밉고 서운한 사람이 우리네 마음속에 한가득 존재할 수도 있다. 그러나 한편 다른 각도에서 보면 당신의 가슴속에 고마운 사람도 꽤 존재할 것이다. 좋은 사람이라는 그 사실을 당시에는 미처 인지하지 못하고 지나쳐 버렸을 수도 있다. 누구 때문에 손해를 보고 불행했던 것이 아니고 누구 덕분에 많은 이익을 보고 행복했었던 순간도 분명히 있을 것이다. 반대로 우리의 존재가 누군가에게는 '참 좋은 사람'으로 기억될 수 있을지 새삼 궁금함이 솟구친다.

 길 가는 사람의 밝은 미소 속에 건네는 따뜻한 인사말도 기분이 좋아지면서 기억 속에 '참 좋은 사람'으로 남게 되고, 우리 맘이 불편할 때 진심 어린 침묵의 격려를 보내는 지인도 '참 좋은 사람'으로 기억된다. 힘든 일이 생겼을 때 따뜻한 손길을 내미는 친구도 '참 좋은 사람'이고, 몸이 아플 때 진심으로 걱정해 주는 누군가도 '참 좋은 사람'으로 우리의 기억 속에 남아 있을 것이다. 그런 사람들이 주위에 많이 존재하기 때문에 우리는 힘든 순간이 와도 살아가는 에너지를 얻고 힘차게 살아갈 수 있는 것이다. 참으로 다행스럽고 고마운 일이다.

 겨울을 실감나게 하는 차가운 비가 대지뿐만 아니라 우리네 가슴을 촉촉이 적시고 있는 12월 어느 날, 문득 추억 속의 '참 좋은 사람'이 그리워진다. 누군가의 '참 나쁜 사람'보다는 '참 좋은 사람'이 되기 위해 오늘도 스치고 다가오는 모든 사람들에게 진심으로 대면하도록 노력해 보자. 누군가에게 무언가를 바라는 마음보다 베푸는 마음으로 매일매일 살아갈 수 있다면, 당신은 무척 자비롭고 훌륭한 사람임이 분명하다. 인생을 아무 생각 없이 사는 사람보다 진지하게 삶의 의미를 되새기며 살아가는 자세를 가진 당신이라면 누군가에게 '참 좋은 사람'임에 틀림없을 것이다.

"자신만을 사랑한다면 진정으로 행복할 수 없고, 남들을 위해 살면 진정한 행복을 느낄 수 있다. 행복은 타인을 사랑하는 능력"이라는 '톨스토이'의 말이 그 어느 때보다 깊이 마음에 새겨지는 순간이다. 오늘도 '참 좋은 사람'을 만나기 위한 소망의 기도를 하듯, 우리도 누군가의 '참 좋은 사람'이 되도록 진심이 담긴 따뜻한 손길을 내밀어 보자.

인간관계는 저절로 튼튼하게 자라는 것이 아니기 때문에 상대에게 관심을 갖고 소중한 시간을 내주어 공을 들이면 우리 모두는 누군가의 '참 좋은 사람'이 될 수 있을 것이다. 주위에 '참 좋은 사람'이 많아지는 그날, 우리는 인생이 고난의 연속만은 아닌 아름다운 낙원이라는 환호성을 지르게 될지도 모르겠다. 따뜻한 관심과 성원을 기다리는 누군가에게 온기를 전달해 주는 연말이 되어 봄은 어떨까?

비움의 철학

요즘은 많은 사람들이 미니멀 라이프를 추구하는 경향이 짙어지고 있다.

되도록 집 안에 불필요한 장식으로 남아 있는 짐들은 치우고 최소한의 필요한 물품만으로 집 안의 인테리어를 꾸미는 것을 선호한다. 가뜩이나 복잡다단한 사회 환경 속에서 탈피하고 싶은 작은 욕구의 표출일 수도 있다. 맥시멀 라이프를 추구하는 사람들에겐 비운다는 것이 아직은 동의하기 싫고 공감하기 어려울 수도 있다. 되도록 더 많은 것으로 집 안을 채우는 것에 그들은 행복감을 느낄 수 있기 때문이다.

글을 쓰는 작업을 하는 필자도 때로는 퇴고를 할 때 이미 쓴 글을 덜어 내야 하는 경우가 있다. 그런데 글을 채우는 작업보다 써 놓은 글을 빼내야 하는 작업이 더 어려운 경우도 있다. 이처럼 채움보다 비움이 더욱 완성된 문장이 될 수도 있는 것처럼 우리네 인생에서도 때로는 내려놓는 작업이 필요하다. 채움의 욕심을 버리면 비움의 행복과 평화가 찾아올 것으로 생각한다. 나이가 들면서 그 무언가를 비워 갈 때 더욱 아름답게 보이는 시야를 갖게 되었다.

결국은 모든 것을 내려놓고 다 비우고 가는 길이 인생이기 때문에 서서히 비움의 미학을 알아 가는 시간이 필요하다는 생각을 해 본다.

문득 〈비움의 미학〉이라는 '나승빈'의 시 한 편이 생각난다. "사람이 아름답게 보이는 건 그 무엇을 채워 갈 때가 아니라 비워 갈 때이다."

아직은 더 많이 소유하고 싶고, 아직은 이루고자 하는 꿈과 소망이 많은 젊은 사람들에게는 이 시가 별로 가슴 깊이 와닿지 않을 것이다. 어쩌면 채움의 미학이 그들에게는 더 어울릴지도 모른다.

나이가 들어 부모님과의 피할 수 없는 이별을 겪으면서 비운다는 것의 아름다움을 알게 되었다. 어머니 생전에 의류나 가방 등을 선물하면 "지금 가지고 있는 것도 다 처분해야 하는데, 훗날 다 짐이 된단다."라며 담담하게 말씀하시는 어머니의 목소리에서 인생의 애달픔이 느껴지며 순간 울컥했다. 이렇듯 비움의 철학을 알아 가는 시간은 인생의 의미를 되새기는 소중한 과정이다. 나이가 들면서 생활 규모뿐만 아니라 인간관계에서도 비움의 미덕을 실천하게 된다. 받는 것보다는 상대에게 주는 기쁨을 알게 되고, 미움과 분노보다는 사랑과 용서의 감정이 좋고, 뭔가에 서운한 일을 기억하기보다는 좋지 않은 기억은 잊는 시간을 가지려고 노력한다. 물론 채움보다 비움의 미덕을 글을 통해 강조하고 있는 필자도 이런 가치관을 평범한 우리네가 갖는다는 것이 매우 어렵다는 것을 안다.

그러나 좀 더 평화롭고 자유로운 우리의 삶을 위해서라도 어깨에 짊어진 무거운 짐을 내려놓고, 비움의 철학을 실천하는 보다 성숙된 삶이 찾아오기를 진심으로 고대한다.

마음 성형

요즘은 주변에서 성형한 사람들을 많이 만나게 된다. 예전에는 연예인이나 특별한 직업을 가진 사람들이 성형 수술을 많이 받았는데, 요즘은 인상을 좋게 바꿔 취업에 유리하게 만들려는 젊은 세대부터 나이가 들어 변해 가는 모습을 보다 활기찬 젊은 모습으로 복원하려는 어르신들도 성형한 모습을 흔치 않게 볼 수 있다. 한마디로 좀 더 아름다워지려는 사람들의 노력이 그 어느 때보다 절실하고 크게 느껴진다. 아무래도 사회생활 첫 만남에 외모에서 풍기는 인상을 무시할 수는 없기 때문에 그만큼 외모의 중요성이 커지는지도 모르겠다.

상대에게 호감을 주어야 더욱 오랫동안 생존할 수 있는 사회생활을 위해서든, 연인을 만나 호감도를 더욱 상승시키기 위한 이유에서든 또는 늙어 가는 자신의 모습이 추하게 보여 여생을 더욱 자신감 있게 살려는 소망에서든 성형 수술을 받는 사람들이 점점 증가하는 것에 대해 예전보다는 확실히 거부감이 줄어드는 것은 사실이다. 우연히 옛 동창을 만났을 때 외모가 예전의 모습과 너무 달라 당황한 적도 있지만, 변한 모습 뒤에 살짝 가려진 자신감은 보기에 좋았던 것 같다. 외모의 변화로 성격까지 좋게 바뀌었다면 그것은 살면서 자신이 선택한 긍정적인 변화일 수도 있다. 나이가 들면서 얼굴에 생기는 주름살을 보게 되는 순간, 세월은 절대로 누구든 비껴갈 수는 없다는 것을 절감하면서 우리는 새로운 변화를 갈망하게 된다.

외모의 성형이 잠시나마 자신감을 더욱 높여 주기도 하고 인간관계를 더욱 원활하게 해 주는 촉매 역할을 할 수 있다면 거기에다가 금상첨화로 눈에 보이지 않는 마음 성형까지 해 보는 것은 어떨까? 살면서 눈에 보이는 것만이 중요한 것은 아니라는 것을 우리는 잘 알고 있다. 어쩌면 눈에 보이지 않는 마음의 사진을 우리가 선명하게 볼 수 있다면 무척 재미있는 상황들이 펼쳐질 것이다. 상대의 엉덩이를 손으로 만지면 그 사람의 과거 모습과 생각들을 한 장의 사진처럼 다 들여다볼 수 있는 황당하고 재미있는 드라마를 최근 방송을 통해 보면서 큰 웃음이 터져 나왔다. 우리가 상대의 생각을 모두 꿰뚫어 볼 수 있다면 사회생활 속의 인간관계에 예측하기 어려운 혼란스러운 상황이 발생할 수도 있을 것이다.

내 이익만 추구하고 내 생각만 옳다고 주장하는 이기심과 독단을 이타심과 이해심이 가득한 사람으로 반듯하게 성형할 수 있으면 좋겠고, 남을 비난하기에만 익숙한 나쁜 버릇을 칭찬에 익숙한 사람으로 마음 성형하면 좋겠다. 또한 남의 상처나 아픔을 냉소적으로 바라보는 차가운 마음의 소유자를 마치 내 아픔과 상처인 듯 보듬으려는 따뜻한 사람으로 바꿀 수 있으면 얼마나 좋을까?

우리는 얼굴이 아름다워지길 바라는 마음처럼 눈에는 보이지 않는 마음의 얼굴이 누구보다 예뻐지길 소망한 적은 없었던 것 같다. 어쩌면 마음의 밭을 가꾸는 마음 성형은 너무나 의미 있고 누구에게나 필요한 작업일 수도 있다. 건강한 정신이야말로 건강한 사회와 국가를 만들 수 있다. 그러므로 삐뚤빼뚤한 마음의 모양을 가지런하게 정돈하면 세상을 보는 시야도 바뀌어 타인에게 좀 더 너그러워지고 관대해져 평화로운 사회가 이루어질지도 모르겠다.

 사회 속의 인간관계에서 반목과 분열의 대치 상황들이 계속된다면 생산적인 에너지 소모는 매우 클 것이고 우린 점차 지쳐 갈 것이다. 나부터 마음 성형을 해서 마음이 좀 더 예뻐지도록 노력해야겠다. 올바르게 다듬어진 마음 성형을 위해 "욕심이 과하면 가진 것마저도 잃는 법"이라는 교훈을 되새겨 보는 풍요로운 나날을 맞이할 수 있기를 소망한다.

감정 해우소

 기나긴 삶의 여정에서 내면에 켜켜이 쌓이는 여러 가지 색깔의 수많은 감정을 우리는 누군가에게 솔직하게 표현하며 살 수 있을까? 그렇게 살아가는 것이 생각처럼 누구에게나 쉽지는 않을 것으로 생각된다. 때로는 감정을 억누르거나 숨기기도 하고, 자존심을 지키기 위해서 지금 느끼고 있는 감정과 정반대 색깔의 감정으로 포장하며 살아야 하는 경우도 있을 것이다.

 그러다 보면 누군가는 마음 깊숙한 곳에 화병이 생기기도 하고 때로는 작은 우울증에 걸려 정신 건강이 나빠지는 경우도 있다. 요즘 TV 프로에서 유명 연예인이나 방송인들이 정신과 의사와 공개 석상에서 고민 상담하는 프로가 방영되고 있다. 방송을 보면서 과연 상담을 받는 연예인이나 방송인이 시청자 앞에서 자신의 감정에 얼마나 솔직할 수 있을까 작은 의구심을 가졌다. 그런데 매회 진행되는 방송을 보면서 그런 나의 생각은 기우에 불과했음을 절감했다.

대부분 유명인인 상담자들은 솔직하게 시청자에게 당면한 문제를 보여 주었고, 감정이 격해지다 보면 진심 어린 눈물까지 흘리기도 했다. 감정이 깊이 몰입되는 순간이었다. 어쩌면 평범한 시청자는 그들의 모습을 통해 작은 안도감을 느꼈을 수도 있다. 멀게 느껴지고 화려해 보이기만 했던 유명인들의 모습에서 동병상련의 감정을 느끼며 평범한 우리네랑 멀지 않은 가까운 존재로 그들이 다가왔기 때문이다.

건강한 삶을 위해서도 우리는 내면세계에 쌓인 복잡한 감정을 있는 그대로 털어놓을 수 있는 대상이 반드시 필요하다. 그것을 풀 수 있는 어떤 취미나 대상이 존재하지 않는다면 살아가는 데 스트레스로 인한 과부하로 일상생활이 힘들 수도 있다. 그런 의미에서 유명 연예인들이 상담받는 프로가 생겨난 배경이 시청자들에게 깊이 공감이 갈 것으로 생각된다. 주어진 인생사가 모두에게 항상 즐겁고 행복할 수만은 없는 것이다. 누구에게는 환한 햇살이 비추는 하루하루가 따뜻한 일상이 될 수도 있고, 그런가 하면 다른 누군가에게는 예기치 않게 몰아치는 천둥과 벼락으로 혼란스러운 일상이 될 수도 있다.

 요즘처럼 일상이 불안한 상황에서는 알 수 없는 미래에 대한 불안감을 함께 나눌 수 있는 감정 해우소가 모든 사람들에게 반드시 필요하다는 생각이 밀려든다. 또 다른 건강한 내일과 대면하기 위한 오늘의 준비 작업일 수도 있기 때문이다. 마음에 무언가로 막힌 부분이 있다면 숨기지 말고 적당한 선에서 표현하고, 친구나 신뢰하는 지인에게 털어놔 마음 깊은 곳에 자리 잡고 있는 응어리를 풀어야 한다. 그렇게 해서 누적된 일상의 불순물을 내보내야 마음속에 새롭고 신선한 생각으로 다시 채워져 건강한 인생의 조각물이 완성될 수 있는 것이다.

 그리고 속마음과 달리 때로는 과하지 않은 범위에서 자신을 승자처럼 보이도록 노력하는 자세도 가끔은 필요하다. 그렇게 자신감 있고 당당하게 행동하다 보면 자신도 모르게 실제로 자신감 있는 사람이 되어 있을 것이다. 때로는 나만의 일기장이 아닌 모두의 일기장을 써 내려가는 작업도 인생의 한 부분이기 때문이다. 오랜 시간 계속된 코로나의 굴레에서 벗어나 새해에는 우리 모두 막힌 곳이 있다면 뻥 뚫어 산뜻한 희망의 공기로 가슴을 가득 채워 보자. 근심과 번뇌에서 벗어나 긍정적인 메시지만을 가슴에 품고 모두가 바라는 희망의 기적을 다시 일으켜 보자.

"야망이 끝나는 곳에서 행복이 시작된다."라는 '린다 피콘'의 어느 책 글귀가 지금 이 순간 선명하게 떠오르는 이유는 무엇일까? 복잡다단한 일들을 풀기 위한 수학 방정식의 정답은 바로 우리 자신의 내부에 있다는 것을 인식하게 되는 현명한 새해가 되길 간절히 소망한다. 또한 감정 해우소가 필요 없을 정도로 모두의 소원이 다 이루어지는 새해를 감히 꿈꿔 본다.

망각의 강

 살면서 때로는 기억하고 싶지 않은 순간도 있고 아예 기억의 저장고에서 사라진 시간도 존재한다. 의도했든 의도하지 않았든 시간의 흐름은 우리에게 중요한 망각을 선물로 주었다. 만약 망각이라는 선물이 없었다면 가끔 견디기 힘든 순간도 있었을 것이다. 억지로 기억 속에서 지우려 하지 않아도 시간의 너그러움으로 우리는 망각의 강에 자연스레 몸을 싣게 된다. 얼마나 다행스러운 일인가? 살면서 행복한 순간만을 뇌리에 저장하고 싶어도, 누군가에게는 기억하고 싶지 않은 순간도 혼재되어 때때로 혼란스러운 경우도 존재할 것이다. 그러나 시간은 어김없이 빠른 속도로 흐르고, 때로는 잊고 싶은 기억이 희미해질 즈음에는 시간의 석양이 다가오고 있음을 감지한다.

 굳이 망각의 힘을 빌지 않아도 자연스럽게 켜켜이 쌓인 모든 기억이 시간의 흐름으로 희미해지겠지만, 오랫동안 기억하고 싶은 반짝반짝 빛나는 아름다운 순간만 우리의 가슴속에 존재할 수 있다면 얼마나 좋을까? 삶의 에너지가 되는 행복한 기억이 많은 사람은 물질적인 재산이 많은 사람보다 더 풍요로운 부자이다. "지금 이 순간이 힘들어도 견딜 수 있는 것은 추억의 한 순간이라도 행복했던 시간이 존재하기 때문"이라고 누군가 표현했다.

만약 힘들고 괴로운 기억만 뇌리 속에 남아 있다면 그 사람은 사는 과정이 고역일 것이다. "누군가로부터 받은 상처는 시간이 아무리 많이 흘러도 절대로 완전 치유는 어렵다."라고 주장하는 어느 의학 전문가의 말도 옳지만 쌓인 상처 그 위에 보석 같은 기억이 계속적으로 많이 덧씌워진다면 과거의 힘든 기억은 점점 희미해질 것이다. "우리는 과거를 바꿀 수 없고 오직 그것으로부터 회복할 뿐"이라는 '댄 페냐'의 말이 생각나는 순간이다.

오늘이 자신이 만족하고 있는 행복한 삶이라면 어제의 힘든 시간은 보상된 것으로 생각되어 충분히 상처는 치유되고 극복되어질 수 있다. 현재의 삶은 매 순간이 소중하므로 어제의 시간은 행복한 추억만 남기고, 세상을 향해 눈을 크게 뜨고 오늘 삶에 충실하면 좋겠다. '현재의 삶은 최고의 축복'이라고 한다. 과거에 분노하지 말고 때로는 망각이라는 친구를 벗 삼아 현재를 살아가는 것도 미래 행복을 향한 현명한 태도일 것이다. 어떤 상황에서도 낙담하고 절망하기보다는 좋은 방향으로 생각하려는 현명한 자세가 살아가는 데 절대적으로 필요함을 우리는 이론적으로 잘 알고 있다.

그런 사람의 미래는 어둔 절망의 길보다는 밝고 탄탄한 희망의 길로 반드시 연결될 것이다. 나쁜 꿈을 꾸었다면 이제는 그 꿈에서 깨어나 개운치 않은 기억을 떨쳐 버리고 힘차게 일어날 시간이다. 혹시 후회스러운 과거가 존재한다면 이제는 흐르는 강물에 던져 버리고 진심으로 현재에 일로매진하자.

그 누구보다 가까워야 할 부모로부터 입은 상처나 사랑하는 연인과 또는 믿었던 친구로부터 입은 상처 등 살면서 쌓인 무채색빛의 기억들로 힘들어하는 사람들이 의외로 주위에 많다는 것을 TV 상담 프로그램을 통해 알게 되었다. 이제 모두 망각의 강을 건너 화해와 용서와 희망의 돛단배에 몸을 실어 볼 시간이다. 화해와 용서의 항해를 하다 보면 후광에 빛나는 새로운 미래가 반드시 당신을 향해 다가올 것이다. 요즘 보도되는 뉴스를 보면 살면서 쌓인 좋지 않은 기억은 망각의 힘으로 강물에 흘려보낼지라도 누군가와의 약속은 바위에 깊이 새기는 마음으로 잊지 않고 지켜 주길 바라는 마음이 간절해진다. 인생은 제로섬 게임이 아니다.

"좋은 삶에 대해 늘 생각한다면 좋은 삶을 살 수 있다."

4. 겨울의 장

우리가 소망하는 새해

살갗에 와닿는 겨울 날씨가 매우 차갑다 보니 마음속까지 추워지는 것 같다.

추위에 떨고 있는 경제적으로 생활이 어려운 사람들도 마음에 걸리고, 외로움의 추위에 힘들어하는 주위 사람들도 안타깝다. 따뜻함이 그 어느 때보다 더욱 그리워지는 시간이다.

사랑의 열기로 가득 찬 인간 난로가 모두에게 존재하면 좋겠다는 생각이 강하게 밀려온다. 부모를 홀연히 떠나보낸 불효자식에게도, 자식을 부모보다 먼저 보낸 부모의 시린 마음에도, 여러 가지 사건 사고로 가족을 떠나보낸 누군가에게도 따뜻한 정과 관심의 인간 난로가 더욱 필요한 것 같다. 너도 나도 추위에 떨고 있는 모습이 너무나도 안타까워 나의 작은 가슴으로나마 꼬옥 안아 주고 싶은 심정이 고개를 쭉 내민 연말이었다.

이제 어김없이 새해는 밝았고, 지나간 한 해는 또다시 과거라는 추억의 앨범에 저장되어야 할 시간이다.

우리는 다시 힘을 내어 일어서야 하고 '새 술은 새 부대'에 담아야 할 시점이다. 어제의 미련과 아쉬움은 저 멀리 흘려보내고 새로운 희망과 각오로 각자의 복주머니를 가득 채워야 한다. 모두가 바라는 소망이 이뤄지기 위해 치밀한 전략을 다시 세우고, 목표물을 향해서 빨리 달리기의 가속도를 내기 위한 전력 질주를 시작해야 할 새해이다. 그동안 열심히 노력한 결과물을 반드시 제출해야 하는 누군가에게는 어쩌면 새해라는 이름이 부담스럽게 다가올 수도 있을 것이다.

그러나 통과 의례로 거쳐야 하는 철저한 자기 점검과 자기 성찰은 필수이며, 미비한 점은 보완 수정 하여 자신을 철저하게 알아 가는 작업도 필요하다. 그리하여 성공하기 위해서 노력이라는 대가를 치러야 함을 명심하고, 자신의 능력을 펼칠 수 있는 범위에서 올해는 각자의 목표 달성을 꼭 이룰 수 있는 행복한 한 해이길 소망한다.

원하는 학교로의 진학, 취업을 원하는 사람에게는 학교 합격 소식과 취업 소망이 이뤄지고, 결혼과 임신을 원하는 사람에게도 신의 은총이 깃들면 좋겠고, 몸이 아픈 자에게는 건강의 선물을 받을 수 있다면 더할 나위 없이 행복할 것이다. 집 없는 자에게는 따뜻한 보금자리를 마련해 주시고, 사랑에 굶주리거나 외로움의 추위를 느끼고 있는 모든 사람들에게는 사랑의 온기를 나누어 사랑이라는 유산을 남길 수 있는 한 해가 되면 너무너무 좋겠다. 그리하여 모두가 환한 미소를 보이며 행복의 이불을 덮으며 지낼 수 있는 나날을 꿈꿔 본다.

인간관계의 반목과 분열은 이제 그만 보고 싶다. "화해는 승리보다 아름답다."라는 '스티브 디거'의 말이 요즘 주변 정세에 어울리는 것 같아 지금 이 순간 문득 생각난다. 더 이상의 오해와 대립보다는 이해와 화합의 어깨동무를 우리 모두가 볼 수 있게 된다면 지금보다는 더욱 행복할 것 같다. '지는 것이 이기는 것'이라는 것을 알게 되는 현명함을 갖게 되고, 상대에 대한 견제와 질시보다는 칭찬과 격려의 박수를 보낼 수 있는 여유로움의 경지에 도달하는 새해가 되면 얼마나 좋을까 상상해 본다.

변하는 것은 세상이 아니고 세상을 바라보는 우리의 시각 즉 우리 자신이다. 세상을 바꾸는 방법은 우리가 바뀌는 것이다. 우리의 시각이 바뀌면 세상은 더욱 평화로워질 것이고 전쟁이 없는 살기 좋은 세상이 찾아 올 것으로 믿는다.

　미움보다는 사랑이 넘쳐 나는 새해, 따뜻한 온기로 남을 보듬어 주는 인간 난로가 가득한 새해를 그 어느 때보다 기대해 본다. 인생은 '대결이 아닌 앙상블'일 때 더욱 아름답고 빛을 발할 것이다. "삶은 혼자의 이야기가 아니라 함께의 이야기"이기 때문이다.

후기

 어느덧 세 번째의 수필집을 출간하게 되었습니다. 시간에 가속도가 붙은 듯 세월이 너무 빠르게 흐른다는 생각에 공포감마저 드는 요즘입니다. 그동안 부모님을 머나먼 하늘나라로 떠나보내면서 나의 인생관에도 조금의 변화가 생긴 것 같습니다. 너무 서둘지 않고, 너무 욕심내지 않고, 너무 사랑에 인색하지 않기 등 마음의 평온을 초대하고자 노력하는 시간의 연속이었습니다.

 누구에게나 한번 왔다 가는 인생의 스케줄은 차별 없이 똑같은데, 그 과정의 모양과 색깔은 천차만별입니다. 어떤 형태의 인생길을 걸어갈지는 각자의 선택에 달려 있습니다. 분명한 것은 나에게 너무나도 소중한 부모와의 이별을 통해 "지금보다 더욱 가치 있는 삶은 무엇일까."라는 깊은 고민을 하게 되었다는 것입니다. 소중한 사람들과의 이별로 인해 찾아온 인생의 유한함을 느끼게 되면서 삶에 대한 겸손함과 경건한 마음이 밀물처럼 밀려오는 순간을 대면하게 됩니다.

수호천사라는 단어는 누구에게나 가슴속에 깊이 간직하고 있는 좋아하는 단어일 걸로 생각됩니다. 특히 우리 인생의 여정에서 너무 센 소낙비를 만날 때나, 예상치 못한 절벽에 다다르게 되었을 때 우리는 수호천사를 간절히 찾게 됩니다. 물론 아직 그런 상황을 맞이한 적이 없다면 그런 사람은 행운아입니다. 무조건 감싸 주는 절대적인 후원자인 부모님이나 항상 따뜻하게 이해해 주고 사랑해 주는 친구나 애인 등 수호천사를 매 순간 기다리는 사람들에게 위로와 희망을 드리고 싶은 마음으로 세 번째 책을 출간합니다.

  우리를 구원해 줄 수호천사를 기다리는 간절한 마음과 동시에 우리 자신이 누군가의 수호천사가 될 수 있도록 노력하는 아름다운 삶을 살 수 있기를 기원합니다. 훗날 우리가 받게 될 인생의 성적표는 가식이 없는 진실된 삶이었다면 좋은 결과로 평가될 것입니다. 오늘도 삶의 무대에서 몸을 사리지 않고 열심히 열연하시는 모든 독자 여러분께 파이팅을 외쳐 봅니다.

그리운 시절 한 컷